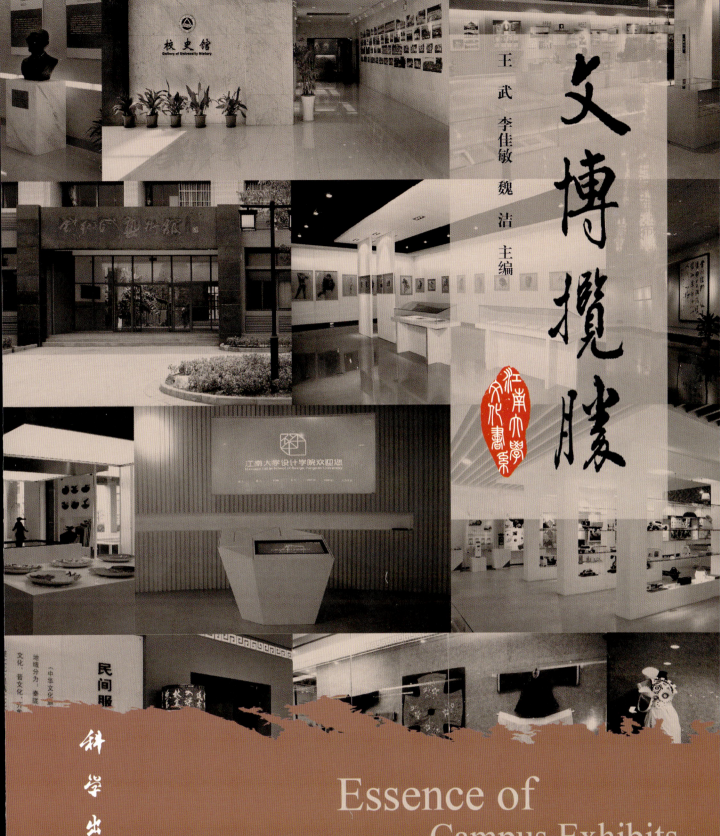

王　武　李佳敏　魏　洁　主编

文博揽胜

江南大学文化书系

科学出版社 北京

Essence of
Campus Exhibits

内 容 简 介

本书为"江南大学文化书系"之一,收录了江南大学五个文博展馆的馆藏珍品、校园铭刻、标志物等文化印记,以物存史,以文化人。本书图文并茂,生动展示了江南大学围绕学科做文化、挖掘历史促传承、凝练特色树品牌的博展文化,深刻印证了这所百年高校之史脉清晰、学统端庄、校风馥郁、文化富庶。

本书可供文博机构交流阅读,也可作为高等院校文化素质教育的辅助读本。

图书在版编目(CIP)数据

文博揽胜 / 王武,李佳敏,魏洁主编 . —北京:科学出版社,2015

(江南大学文化书系)

ISBN 978-7-03-046311-1

I. ①文 … II. ①王 … ②李 … ③魏 … III. ①江南大学—校史—史料 ②江南大学—文物—

介绍 IV. ① G649.285.33 ② K872.533

中国版本图书馆 CIP 数据核字(2015)第 267750 号

责任编辑:席 慧 / 责任校对:蒋 萍
责任印制:肖 兴 / 书籍设计:蓝正设计

科 学 出 版 社 出版

北京东黄城根北街 16 号

邮政编码:100717

http://www.sciencep.com

北京利丰雅高长城印刷有限公司 印刷

科学出版社发行 各地新华书店经销

*

2015 年 12 月第 一 版 开本:889×1194 1/16

2015 年 12 月第一次印刷 印张:10

字数:256 000

定价:168.00 元

(如有印装质量问题,我社负责调换)

大学文博事业的重要性不言而喻。据考证，大学博物院才是世界博展机构真正的源头。埃及人在公元前 283 年创建的亚历山大博物院，由几个学院组成，以教授学问、科学研究和文化传承为主要功能。而后，当博物院成为相对独立的社会存在，她依然与大学有着千丝万缕的联系，如哈佛大学拥有九个博物馆，像"玻璃花博物馆"等可谓世上绝无仅有的特色馆；又如法国的自然历史博物馆设有几十个研究科室，研究人员多在大学任教，馆学结合十分密切。

中国高校的文博展馆建设已有百年历史，不仅构成了大学的文化景观，也为学术研究营创了良好的平台。2012 年，全国高校博物馆育人联盟在上海交通大学成立，江南大学作为副秘书长单位，理应积极践行"高校博物馆文化育人"的理念，创新性打造大学文博事业发展平台。

遗憾的是，由于早年条件所限，办学初期的一些物质遗产已流失，或未得到良好保护。20 世纪中期，全校只建有一个学科展馆——设计馆。直至本世纪更页，三校合并组建新的江南大学，建设新的校区，大学文化建设才有了开阔的空间。可以说，2008 年的五秩校庆活动对文化展馆建设起到了关键的催生作用，借此东风，学校新建了"校史馆"；将钱绍武教授所赠艺术精品陈展于"钱绍武艺术馆"；第三次重建"设计馆"；将服装学科青年教师多年走街串巷积攒的民间服饰，收藏到"民间服饰传习馆"。五秩校庆大典前夕，学校隆重举行"四馆"联合开馆仪式，办学前身——南京大学和东南大学的四位老书记、老校长，以及美国工业设计协会的主席和副主席，与我们一同剪彩揭幕。2011 年，"酒科技馆"也从图纸变为现实。如今的五馆分别与校史和学科内涵相呼应，成为师生和外来交流者流连忘返的文化殿堂。

我们集多年文博建设的思路与实践，以图文并茂的形式，将富有特色的学科展馆和文化景观编撰成册，定名为《文博揽胜》，这是本校文化建设又一个鲜活的印记，也是"江南大学文化书系"的又一份精品。《文博揽胜》印证了江南大学这所百年高校史脉清晰、学科领先，校风馥郁、学统端庄，文化富庶、发展强劲。期待读者能够从书中领悟出编者的良苦用心，得到不同寻常的视觉冲击和文化感染。

江南大学校长　陈坚

二〇一五年八月

前言
Introduction

挖掘、取舍、凝炼、汇编江南大学的文博胜迹，展现珍贵的"器物文化遗产"和"非物质文化遗产"，正是为了呼应大学精神文明建设之需要。如何把握特色文化脉络，荟萃取舍，恰如其分地呈现大学发展的印记，此乃本书编委所面临的挑战。

本书主要围绕五个特色展馆，分篇展示之：

百年其昌兼并进——内含六个部分，以较大的篇幅展示"校史馆"中的经典史存、校训校标、校园名胜、雕塑碑刻、神鼋吉祥物、捐赠铭记、特殊收藏等。

神以感通长和应——分为三个部分，展示艺术泰斗钱绍武教授无偿捐赠的素描、雕塑、书法作品，乃"钱绍武艺术馆"所收藏的近百件作品中的绝佳精品。

意玄形妙冠今夕——围绕三期"设计馆"的建设，展示本校设计学科在不同历史时期的发展脉络、经典创新作品、优秀教学成果、国际设计交流合作，以及杰出学子的国际获奖作品。

华服罗裳传神韵——"民间服饰传习馆"展示着 20 余类汉民间服饰近 3000 件（套），民间服饰精美绝妙，故事传说娓娓动听。服装学科师生自觉传习民间智慧，加以现代时尚演绎，服饰创新成果令人刮目相看。

酒里乾坤品演化——中华五千年酿酒史博大精深，持恒的是微生物对植物原料的演化，变化的是酿酒科技进步、品质改良与文化提升。一个小小的"酒科技馆"，难以表达"酿造科技奥妙"、"酒里文化乾坤"之洋洋洒洒。

笔者潜心挖掘江南大学博展文化内涵，尽力提炼有价值的文化元素，试图从梳理学科发展脉络的角度，展示特质文化印记，提升大学博物馆育人使命的高度。编撰《文博揽胜》的本意是促进中国大学更好地发挥出"以文化人"的重要作用。

编　者

二〇一五年八月

目录
Contents

序　Preface
前言　Introduction

百年其昌兼并进
Imprinting of Centennial Endeavour
编者 / 李佳敏、衡延笃

金陵首唱　**005**
三江师范学堂　006
国立中央大学　007
南京大学　008
南京工学院　009
南京工学院食品工业系　010
东迁建校　011
梁溪续音　**012**
青山湾校园　013
升格大学　014
百年基业　**015**
三校合并　015
百年庆典　016
规划新校区　017
奠基之初　018
点石成金　**020**
校训基石　020
校门　021
校标辅标　023
吉祥神鼋　024

漪映楼台 025

　　瓷接天穹 026

　　小桥流水 033

　　亭台轩榭 035

　　乡民遗存 038

　　文存印记 041

贤达功德 047

　　荣惠桑梓 047

　　君子修远 050

　　文思浩淼 052

　　学高为师 054

　　结语 055

神以感通长和应

Magnificent Creations from Master Artist Qian

编者 / 王武、王建源

妙摹出尘 061

　　采风描实 061

　　妙胴传神 064

　　水彩山林 066

文心铸魂 068

　　毕业之作 069

　　全身雕像 070

　　名人头像 073

长风浩荡 075

　　大型横幅 076

　　匾题之作 077

　　诗意信手 080

　　结语 082

意玄形妙冠今夕
Ideas by Surprise & Innovations of Intriguing

编者 / 王武、魏洁、姜靓

初期创意 **088**
首创设计专业 *088*
早期设计作品 *089*

拓展之作 **091**
迁往梅园设馆 *091*
设计方向拓展 *092*

交互贯通 **095**
新校区新建馆 *095*
推动交互设计 *097*
多元展示方式 *098*

后生可畏 **102**
学生作品获奖 *102*
校友成就不菲 *107*

结语 **108**

华服罗裳传神韵
Charming Legacy of Chinese Custom

编者 / 崔荣荣、梁惠娥

上衣下裳 **113**
"衣裳"之源 *113*
"衣裳"之形 *114*
"衣裳"之美 *116*
"衣裳"之品 *119*

女红品鉴 **121**
"女红"文化 *121*
功能"女红" *122*

"女红" 拾趣   125

非遗精品   126

纺服"非遗"   127

"非遗" 技艺   128

"非遗" 寄情   130

"非遗" 捐赠   131

古装新演   132

服务 APEC   132

传承流变   133

结语   134

酒里乾坤品演化
Savoring Evolution in Brewing Kingdoms

编者 / 徐岩、黄壮霞、黄永光

生之演化   138

酒史铜雕   138

酒馆之记   139

古酿遗风   140

古代酒器   140

家酿器具   141

古酿模型   141

当代酒话   142

泰斗遗风   142

科技佳酿   143

宝坛相送   144

闻香识宝   145

感官体验   145

酒香拆分   146

探究之果   147

结语   148

后记 Postscript

百年其昌兼并进

Imprinting of Centennial Endeavour

校史馆
Gallery of University History

编者／李佳敏　衡延笃

Compilers／Li Jiamin　Heng Yandu

百年其昌，铭刻以彰。

追根溯源自三江师范学堂，放眼风物看今日江南大学，可圈可点之处枚不胜举。金陵首唱、梁溪续音、百年基业、点石成金、漪映楼台、贤达功德，不同的办学阶段与学校建设的历程中留下的不可多得的文化印记，是精神文明与学术进步的催生物，是学科发展与文化繁荣的结合体。

校史馆

Gallery of University History

江南大学借新校区建设之契机，秉承传统，勇于创新，与校园规划同步设计，建设了校史馆等一批特色文化展馆。2008 年，校史馆等正式开馆。

校史馆位于江南大学图书馆一楼南侧，建筑面积 755 平方米，分三个展区，设金陵典学、五秩乃达、名师荟萃、学海无涯、桃李芬芳、雨露甘霖等部分，以翔实的文字、1000 多幅图片资料和 250 多件实物陈列，展示了学校的发展轨迹、办学特色与治学成就，呈现了历代师生艰苦创业、严谨治学，勇担培育"行业中坚"的使命、打造"中国轻工高等人才摇篮"的文化风貌。

现如今，校史馆已经成为学校重要的文化基地，不仅是大学精神、办学理念和学校文化的物化凝炼之地，也是宣传学校、联系校友、对外交流的重要窗口。每年，这里不仅是新入职教师和新生接受校史校情教育的课堂，也是校友返校见证母校发展的乐园，还是当地中小学生课外文化素质教育的基地，更是学校接待兄弟高校、国外宾客参观，面向社会开放，宣传大学文化的场所，为文化大学、文化中国的建设起到了良好的示范、引领和育化作用。

谈及大学精神，很多人推崇清华大学老校长梅贻琦1931年的《就职演说》："所谓大学者，非谓有大楼之谓也，有大师之谓也。" 大师与大楼，我们当然选择前者，但也不等于完全漠视作为物质形态的"大楼"。实际上，矗立在校园中的亭台轩榭、高楼小桥、史墙雕塑、乡民遗存，早已成为大学文化的重要组成部分，镌刻着这所大学曾经的风雨历程，留下过她的文化故事和踪迹。

我们不妨溯源这所"百年其昌"的大学，或许可以从中读出浸润着历史感和书香气的江南文化之独特韵味，体会到什么叫"历史"、什么叫"文化"、什么叫"薪火相传"，并在弥漫着钟灵毓秀、典雅大气的文化校园中得到熏陶滋养。

金陵首唱

进入校史馆，首先在前厅看到校史沿革、前身名称、历史校门造型及校园模型。

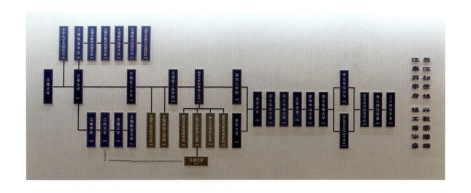

三江师范学堂

追根溯源，江南大学始于 1902 年在南京创办的三江师范学堂。在晚清学制改革大潮中，朝野间对于"兴学堂、育人才"很快形成共识。"时局多艰，需材尤急"，1902 年 5 月，两江总督刘坤一向清廷上奏《筹办学堂情形折》，其后，张之洞、魏光焘接续上奏《创办三江师范学堂折》，1903 年 9 月，获批在江宁府北极阁前挂牌"三江师范学堂"，并于 1904 年开始招生。1906 年，三江师范学堂改名为两江优级师范学堂，李瑞清出任学堂监督。1912 年，学堂停办，历时近十年，共毕业学生 919 人，为江南三省培养了第一批优秀师资。

三江师范学堂筹建人合影（1903 年）

创办三江师范学堂折（张之洞、魏光焘）

两江优级师范学堂（学监李瑞清手书）

三江师范学堂开学合影：张之洞（左六）、李瑞清（左二）

两江优级师范学堂规划图

国立中央大学

1914年，在两江优级师范学堂的基础上筹办南京高等师范学校。1920年，在南京高师的基础上成立国立东南大学和南京高等师范学校。1923年，南京高师并入国立东南大学。1927年4月国民政府定都南京，6月颁布决定，以国立东南大学为基础，与南京、苏州、上海的其他8所高校组建"国立第四中山大学"。1928年5月，学校更名为"国立中央大学"，设有文、理、法、工、教育、农、商、医8个学院，40个系科。1937年"七·七"事变爆发后，中央大学被迫西迁重庆，直至1946年7月底才回迁南京，在四牌楼校址复校，办学延续至1949年，共毕业学生7000余人。罗家伦、顾毓秀、吴有训等都曾任过国立中央大学校长。

南京大学

1949 年 4 月 23 日，南京解放。10 月 22 日，"国立中央大学"更名为"国立南京大学"。学校共设文、法、理、教育、工、农、医 7 院 33 系。1950 年 8 月，农学院农业化学系分设食品工业系和土壤学系，其中的食品工业系就是无锡轻工业学院的前身。1950 年 10 月，根据华东军政委员会教育部精神，校名不再加国立字样，径称"南京大学"。

南京工学院

1952 年，中央教育部进行全国高校院系调整，重点加强综合大学，发展专门学院。根据《华东区高等学校院系调整设置方案》精神，调整后的南京市共设南京大学、南京工学院、南京师范学院等 8 所院校。其中，南京工学院以南京大学工学院的电机、机械、土木、建筑、化工和食品工业系为基础独立建院，同时并入的还有私立江南大学的食品工业系、浙江大学的农化系、复旦大学的农化系、武汉大学的园艺系等相关系科，组建成为一所多科性的工业大学。全院共设食品、化工、土木、建筑、无线电、动力、机械 7 个系，从 1952 年至 1957 年，共毕业学生 3673 人。

南京工学院食品工业系

1952 年组建的南京工学院食品工业系，其真正的源头可追溯到 1930 年，国立中央大学农学院设立农业化学系，我国近代工业微生物学的奠基人之一的魏喦寿首任农化系主任。1950 年，国立南京大学将农业化学系分设为食品工业系和土壤学系；1951 年受中央轻工业部委托，南京大学食品工业系增设制糖专修科；1952 年建立起新中国第一个发酵工学专业；1954 年创建全国第一个粮食加工与贮藏工学专业；1955 年建立我国第一个油脂工学和食品机械专业。

南京工学院食品工业系办公楼近景

1952 ～ 1958 年间，食品工业系加强学科内涵建设，为建设新兴的食品工业，满足人民生活需要，提高人民物质生活水平，提供了强有力的人才支持和科研支撑。食品工业系的师资力量、硬件设备及学科影响等，为无锡轻工业学院的学科特色奠定了基础。

南京工学院食品工业系 1956 年毕业班师生合影

南京工学院食品工业系办公楼远景

原国立中央大学的美国进口设备从南京工学院随迁本校

东迁建校

1956 年，南京工学院制定了《食品工业系十二年工作规划（草案）》，明确提出："根据食品工业发展需要，规划食品工业系于 1958 年调出，单独成立食品工业学院。"嗣后，经中共江苏省委决定，并报中央批准，1958 年 6 月 19 日，江苏省教育厅致函中共无锡市委：1958 年暑期将以现有南京工学院食品工业系为基础，在无锡建立"江苏省食品工业学院"，校址选在无锡社桥，原华东艺专旧址。同年 8 月 18 日，南京工学院食品工业系东迁无锡市独立建校，鉴于轻工业专门人才急需培养，定名为"无锡轻工业学院"，隶属江苏省人民委员会领导。

无锡轻工业学院的社桥行政办公楼（1958 年）

梁溪续音

无锡轻工业学院为全日制高等学校，是我国最早成立的轻工业学校之一。学校于 1958 年 11 月 17 日正式开学。11 月 17 日，遂定为校庆纪念日。

初创时期学校规模很小，仅设有食品工程、粮食工程与机械工程 3 个系，下设发酵工程、食品工程、油脂工程、粮食加工与贮藏、机械工程 5 个专业，加上 1 个造纸专修科，共招收 35 个班。教职工仅有 174 人，其中教师 74 人，在校生 1000 余人，校舍面积近 2 万平方米，校园占地 150 亩。

建校之初的教育事业经费由江苏省财政拨付，仅为 31.78 万元，经费严重短缺，师资匮乏，实验室简陋，设备缺乏，校舍破旧。建校前辈因陋就简，以勤俭办学、自力更生、多快好省的原则，克服创业初期的种种困难，修缮教学楼，挖掘师资潜力，集中财力修建实验室，建设图书室。1960 年又推进了深入的教学改革，学校逐步成为以教学为中心的教学、生产劳动和科学研究三结合的基地。

社桥校区教学楼

无锡轻工业学院食品工程系的建系前辈

青山湾校园

经江苏省人民委员会批准，1962 年 8 月，位于青山湾的无锡纺织工学院并入无锡轻工业学院，成立纺织工程系。同年 12 月，教育部批准，同意将无锡轻工业学院隶属关系转交轻工业部领导。青山湾校区成为主要的办学地点。

青山湾校园

青山湾校区图书馆

升格大学

1958～1994年，历经36载建设与
发展，无锡轻工业学院的办学水平
和综合实力得到较大提升，形成了
以食品学科为特色，兼有轻化工、
机电、纺织、工业设计、经贸、社
科等多学科的，以工为主、艺工结
合、文管配套的办学体系。1995年
2月26日，国家教育委员会正式
批准学校更名为"无锡轻工大学"。
同年11月23日，学校举行揭牌庆
典。时任全国政协副主席、中国佛
教协会会长、书法艺术大师赵朴初
为学校题写校名。

百年基业

三校合并

三校合并揭牌仪式

无锡自古崇文尚礼，经济发达，人杰地灵，被誉为"太湖明珠"。从1920年创办第一所高等学校——私立"国学专修馆"起，无锡高等教育历经80多年的发展，依然数量少、实力弱，亟需集中力量办好一所综合实力更强的高校，来支撑和引领无锡城市发展。

2001年1月4日，教育部正式发布《关于无锡轻工大学、江南学院、无锡教育学院合并组建江南大学的决定》，批准同意三校合并组建新的江南大学，为教育部直属国家"211工程"重点建设高校。

2001年2月13日上午，江南大学组建成立大会在青山湾校区科学会堂举行，时任教育部副部长周远清、江苏省委副书记任彦申、无锡市委书记蒋定之、市长吴新雄等出席组建成立大会。

江南学院

无锡教育学院

无锡轻工大学

百年庆典

2002 年 5 月 20 日，江苏省委、省政府在南京五台山体育馆举行庆典，庆祝源出三江师范学堂的南京大学、东南大学、南京师范大学、河海大学、南京农业大学、南京林业大学、南京工业大学、江南大学和江苏大学 9 所高校联合办学百年，并赠送办学百年宝鼎以兹纪念。鼎身刻有铭文："百年沧桑，名与时迁；呈现代教育之辉煌，开江苏人文之伟观；负民族振兴之重任，育国家建设之栋梁；校风馥郁，学统端庄；千龄弗替，万代永昌。值此百年校庆，特铸斯鼎，世世相传。"

规划新校区

新校区概念设计图

新校区设计原图

合并之初的江南大学，面临着校区分散、基础设施老化、教学场馆不足、周边扩展困难等问题，学校党政领导科学谋划、大胆决策，制订了"整体置换老校区、集中建设新校区"的方案，蠡湖新校区开始策划、设计与建设。

2002 年 7 月，无锡市人民政府、江南大学《关于江南大学置换老校区、建设新校区的请示》分别报江苏省人民政府和教育部。无锡市计划委员会同意江南大学新校区征地 3000 亩，总建筑面积 70 万平方米，列入无锡市重大项目。

2002 年 5 月，网络征集《江南大学新校区概念性规划方案设计》，南京工业大学吴骥良先生设计的概念性规划方案被评为第一名。同年 9 月，《江南大学新校区总体规划设计方案》进行专家评审，华南理工大学何镜堂院士主持设计的"生态校园 曲水流觞"主题方案以全票获得第一名。经教育部城乡建设优秀勘察设计评审委员会评审，江南大学新校区总体规划设计方案获教育部 2003 年优秀规划一等奖。

新校区建设从动议到审批、立项、政策、资金、协调全过程，得到了国务院、教育部、省市地方政府、中国轻工业联合会等有关部门的大力支持，社会贤达的鼎力相助，以及原住民的理解和支持。

新校区鸟瞰图

时任教育部副部长张保庆考察新校区建设

奠基之初

2003年6月，江南大学新校区建设项目破土动工。9月8日，蠡湖校区建设指挥部揭牌并进驻工地现场。12月13日，部省市领导和校党政领导为蠡湖校区建设工程奠基石揭牌、培土。

历经五个寒暑春秋，蠡湖新校区拔地而起。这座占地3200余亩的现代化生态校园，设施先进、功能齐全、自然环境得天独厚，为学校在新世纪的发展奠定了坚实的基础，成为学校发展史上的一座里程碑。

新校区建设指挥部成立

新校区开工奠基

新校区建设奠基石

蠡湖校区记

世纪广场的石座上，刻有《蠡湖校区记》，由人文学院徐兴海教授创作，记载着蠡湖校区建设的故事与情怀：

昔我校园，锡山带襟。迁诸新址，太湖之滨。非敢弃旧，屡迁兴殷。三江学堂，箕裘不陨。
金陵首唱，梁溪续音。名师辈出，灿若星辰。数万弟子，扬吾杏林。名播九州，百年风云。
奈何逼仄，潜龙困身。园区多处，疲于来奔。思求广袤，以利传薪。千禧开纪，机遇降临。
政谋发展，校筹业兴。雪浪为阙，东绛作邻。得机勿失，天定酬勤。大师执耳，点化成金。
名贤鼎助，万人齐心。宵衣旰食，日夜博拼。几经寒暑，梦幻成真。生态校园，江南独韵。
曲水流觞，雅士美欣。涟承亭榭，漪映楼群。瓮接苍穹，天骄雄浑。佳树郁郁，碧草深深。
帆樯远眺，长广水亲。追忆来路，充满艰辛。若非神工，何成伟勋。陶朱遗踪，于此追寻。
赤马咀头，鼓角催人。高子濯足，豪气干云。湖上闲思，先哲求真。俱已往矣，舍我谁任。
讲堂轩畅，师德润沁。钟灵毓秀，启沃颇勤。工理文艺，学子勉黾。风声雨声，天下在心。
笃学尚行，求索古今。止于至善，乾乾无尽。勃然跃然，江大日欣。美哉壮哉，记兹铭存。

点石成金

校训基石

江南大学东大门外，巍然横卧巨石，正面镌刻"江南大学"，背面刻有校训"笃学尚行，止于至善"，此为校训基石。

2001年2月23日，学校党委常委会议研究，决定使用毛体的"江南大学"为校名字体。2003年6月，凝练校训，通过网上征集、座谈研讨、专家建议等途径，提出了校训候选条目。2005年11月，校长办公会议研究，确定"笃学尚行，止于至善"为江南大学校训。

校训寓意分别源出：《论语·泰伯》——"君子笃于亲，则民兴于仁"；《皇极经世书·观物篇》——"尚行，则笃实之风行焉"；《礼记·大学》——"大学之道，在明德，在亲民，止于至善"。校训既传承了"论究学术、阐求真理、昌明国粹、融化新知"百年办学传统，又融合了现代教育教学理念，成为学校教与学的行动指南和至高追求。

校门

北校门，以传统江南牌楼、重檐仿古风格为特点，按无锡古运河畔的"南禅寺"牌楼原样放大仿制而成，表达江南大学与吴地文化融为一体。里侧上方悬挂"江南第一学府"匾额，由原国立中央大学校长顾毓琇教授百龄之际亲笔所题。

东校门乃江南大学正门，以现代、大气、壮观为特征。外观层层叠进，既有现代校园的开敞宏伟，又有百年老校的历史厚重。

北校门（江南第一学府牌匾）

北校门里侧

东校门

南校门风格中西合璧，按原国立中央大学校门的原型建造。里侧镌刻着"学问、慎思、行动"六个大字，这是温家宝总理对全国大学生提出的希望，与"笃学尚行"的校训精神内涵一致。

南大门

校标辅标

江南大学校标

辅标

2002 年，学校开展校标设计方案征集活动，经全校师生公开投票，决定江南大学校标为双圆套圆形徽标，主体造型宛如勇往直前的帆船，象征奋进开拓，自强不息；又似一座高山，象征肩负攀登科学高峰、认知宇宙万物、探索未来世界的历史使命。标志下部卷动的波浪形似一摞书籍，体现"笃学尚行、止于至善"校训精神。校标的标准色为"江南绿"，象征学校事业发展生机勃勃，绿意盎然。

2008 年，学校举办建校 50 周年暨办学 106 周年庆典，设计了辅助标识，以校名英文首字母"J"为设计源，也隐含"大学"使命乃"教育"。婉约、灵动的图形可灵活组合，被广泛应用于校园纪念物、环境绿化以及宣传标识中。

辅标组合

辅标应用

吉祥神鼋

江南大学吉祥物——"太湖神鼋"坐落在小蠡湖畔，是第一个由大学章程认定的校园吉祥物。

青铜神鼋由无锡市园林管理局赠送，无锡二泉景观文化艺术有限公司设计制作，按鼋头渚景区太湖神鼋1:1比例仿造，重达400多公斤。

在古代，"鼋"被尊为神物，相传龙生九子，鼋为长子，呈龙头龟身凤爪鹰尾。鼋形象代表了龙的奋发向上，龟的坚韧执着，凤的辉煌灿烂，鹰的勇于拼搏。人文学院徐兴海教授撰《太湖神鼋》，刻为铭文：震泽有神鼋，此物最吉祥。精运天地气，灵和日月光。龙首昂紫宸，龟身镇洪荒。熠熠生气具，抟抟扶摇上。轩辕乘纵横，百代开辉光。大禹御上下，九州风雷扬。虔心守太湖，其志在五洋。禧年得福佑，来日更辉煌。

太湖神鼋揭幕

太湖神鼋近景

太湖神鼋铭文

漪映楼台

百年高校的故事，可以从分布在校园各处的文化印迹说起，特别是那些在办学历程中日积月累留存下的碑刻、铭记、雕塑、景观等，无不印证着江南大学史脉清晰，校风馥郁，不时感受到亭台楼群的轩昂气势，小桥流水的灵动秀丽，一砖一瓦、一亭一桥之间，处处表达独特的文化韵味。

校园鸟瞰图

瓷接天穹

蠡湖校园规划功能分区贯彻"以人为本"的思想，中央地段布置教学与科研区，两头布置生活区。教学科研、学生生活、文体活动三大功能区呈线形跌宕错落展开，形成极具江南水乡韵味的校园空间。

校园楼宇，以江南民居粉墙黛瓦为建筑符号，外墙主色调以灰白为主，选用哑光通体瓷砖，瓦采用灰色釉面陶瓦，营造"杏花春雨下江南，小桥流水过人家"，"人家尽枕河"的曲水流觞意境。

公益图书馆

公益图书馆由原国家副主席荣毅仁亲笔题写，馆名承继原荣氏私立江南大学（江南学院）图书馆，是学校的标志性建筑之一，2007 年 10 月落成启用，建筑面积 5.2 万平方米，共 17 层，可容纳阅览座位 4000 个，是省内单体建筑面积最大、楼层最高的大学图书馆，现藏书千万余册（含电子书刊）。

公益图书馆

公益图书馆周边环境

体育场馆

体育馆建筑面积逾 1.3 万平方米，馆内有 4300 个座位，是多功能综合性场馆，用于体育赛事、文娱演出、艺术展览、大型庆典等。这里举办过全国高校大学生篮球、排球、健美操、啦啦操等大型比赛。

"江南大学体育馆"馆名，由时任中国奥委会名誉主席、国际奥委会副主席何振梁先生亲笔题写。体育馆正面大厅的浮雕墙，则由设计学院师生设计，表达奥林匹克精神之传承。

体育馆

体育馆内浮雕作品

教学楼及学院楼群

学校的公共教学区由第一、第二教学楼组成，位于校园中心地带，以曲水河相隔，由曲水桥和正心桥相通。

公共教学楼建筑面积8.6万平方米，建有各类教室429间，座位数共43 462个，其中含有多媒体教室315间，满足现代化教学的需要。

教学区夜景

第二教学楼

学院大楼以楼群或组团为结构特点，以生物学与化学为基础的生工、食品、化工、药学院等楼群集中布置在南校区西侧；纺织、物联网、机械、土木等机电工程类楼群，设计、服装等艺术类学院楼群集中布置在北校区；人文学院、理学院则靠近第一教学楼；数媒、商学、外国语、法学等楼群集中布置在南校区东侧，靠近第二教学楼。

食品、生工、医药楼群

化工学院楼

设计、艺术楼群

物联网工程学院楼

江南苑（学生第一食堂）

学生生活区

学生生活区分布在校园南北两侧，按照方便学生学习生活的原则统一规划。公寓以组团为主结构，5～6幢楼围成一个宿舍管理单元，各组团住有 2000～3000 名学生。北区公寓庭院以"木"命名，如梅园、橘园、榴园、杏园、桃园、桂园；南区公寓庭院则以"水"命名，如潋园、浩园、润园、鸿园等。4 个红色坡顶的建筑物为学生食堂，如"江南苑"、"梁溪苑"等，分落在学生生活区，导流师生就餐、竞争服务质量。

学生生活区水街景观

学生生活北区建有"水街"景观，河埠、码头、小桥极具江南特色。这里曾被国外大学校长赞誉为"最有特色、最美丽的学生生活区"。

北区学生生活区全景

学生宿舍组团

梁溪苑（学生第二食堂）

小桥流水

桥涵建设是江南大学"曲水流觞、生态校园"的一大景观。校园水系与无锡地区古水道"长广溪"相连；校园无围墙，以护校河为隔离带。校园中共建有桥梁 39 座，有的仿无锡历史名桥而建，如"清名桥"；有的以原村落命名，如"糜巷桥"、"板桥"等。桥名皆含有文化寓意，为生态校园增添了几分诗情画意。

清名桥

位于校园北区学生生活区的"清名桥"，仿造无锡南门外古运河与伯渎港交汇处的清名古桥，凸显校园环境的历史文脉和地域特点。

清名桥

曲水桥

飞架于曲水河上的曲水桥，横跨两大主教学楼，因桥身弯曲而得名。下有三个拱形桥洞，桥栏洁白细腻，华丽而不失圣洁。

曲水桥是校园内众多桥梁中最繁忙的一座桥。登上桥头远眺，小蠡湖一派烟波浩渺。攀上公益图书馆顶楼平台，则见曲水桥如彩虹凌空，似银练落地。

曲水桥

糜巷桥

糜巷桥村，原地处长广溪畔，历史悠久，环境宁静，民风淳朴。清末民初，规模已达 80 余户，400 多人，稻田桑地约 500 亩，亦为苏南富庶的村庄之一。2003 年底因江南大学建新校区，糜巷桥村整体搬迁，故新校区新建桥梁之一取名为"糜巷桥"。

糜巷桥

七曲桥

七曲桥

七曲桥架设于图书馆与物联网工程学院之间，七曲迂转，令人流连忘返。

亭台轩榭

石、桥、亭、轩、榭、牌楼、庭院、连廊，分布在校园的各个角落，宜人亲和，错落有致。与之相配的牌匾、楹联、石刻源于师生建议稿中的优秀作品，通过鼓励人人参与"爱我校园，美我校园"，更凸显了校园的文化氛围和诗情画意，成为校园文化建设的亮点。

"学海无涯"太湖石

位于图书馆西侧广场的"学海无涯"太湖石，是江南大学（1949～1952）老校友会于 2007 年 9 月为纪念荣德生创办私立江南大学六十周年所赠。

"学海无涯"太湖石

南阳亭

南阳巷村因江南大学建设新校区而迁移。张氏后人为纪念祖先，亦为尊师重教、感怀桑梓，于2005年2月，取政府所拨补偿金中的一部分，捐建"南阳亭"于村祠堂旧址，现公益图书馆北侧。亭旁石刻"南阳亭记"，记载着880年前张氏祖先为避战祸迁居于此，创建南阳巷，世代繁衍。

南阳亭

爱晓亭

"爱晓亭"坐落于小蠡湖岛上，由江南大学广东校友会108名校友共同捐资40万元，于2009年10月建成。意喻爱校、惜时。该亭为八角双檐亭台，高11.17米，面积58平方米，纪念1958年11月17日无锡轻工业学院独立建校的校庆日。亭内的绘画、诗词等均由校友参与创作，表达了广东校友对母校的一片深情。

爱晓亭

濠上亭

濠上亭

濠上亭位于校园北区水街，亭内楹联，由人文学院张永鑫教授所撰，联曰："知者似水达理而周流无滞，仁者如山安义而厚重不迁"，取义于先哲孔子"知者乐水，仁者乐山"的智慧。

听雨轩

校园北区水街的"听雨轩"，镌刻着明末东林党领袖顾宪成的传世名联："风声雨声读书声声声入耳，家事国事天下事事事关心"。寄意江南学子承东林书院文脉，熏染书墨香，心系天下事。轩中石碑上刻有白居易《忆江南》名句，正是校园江南风光的真实写照。

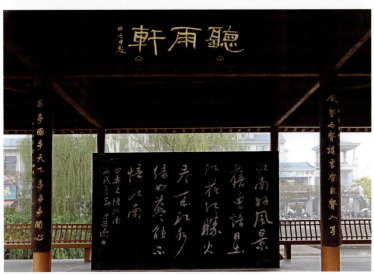

听雨轩

乡民遗存

为支持江南大学新校区建设，太湖镇6个行政村的721户村民做出了巨大的牺牲，迁离了这片祖祖辈辈世代繁衍生息的江南水乡。学校对当地的遗址、古屋等乡土印迹进行保存，留住原住民的历史记忆，表白师生的感恩之情。

赤马咀遗址

赤马咀遗址铭文

赤马咀遗址，原名歇马墩。相传公元245年三国时期，吴国孙权屯兵3万疏通长广溪，歇马与此。由于此处地形呈马状，头向西伸入长广溪，又名歇马咀，因挖出红色土层故名赤马咀。20世纪50年代，围湖造田出土一批新石器时代的器物。近几年还相继发现过旧石器及两汉、三国时期的钱币、陶瓷器等。据考证，6000多年前已有先民聚居，是太湖平原最早的原始氏族聚居地之一，确认为马家浜文化赤马咀遗址，列入无锡市文化局保护遗址。

赤马咀遗址铭文

赤马咀轩

赤马咀轩

毗邻赤马咀遗址，轩中有楹联曰："朱氏让故园筑江南名校，苑轩留赤马成渚左美庐"。无锡市滨湖区板桥村曾名赤马咀村，因新校区建设而迁移。2006年4月，村民捐建"赤马咀轩"以纪念。

谢家老宅

谢家老宅

校园南区有一座百年老建筑"谢家老宅"。据传，清末时期板桥村上头巷一谢姓人家，筑三进院落之新居，采用穿斗式框架，间以天井院落，屋脊饰以江南风土人情砖雕，室内饰有花草木雕，地面青砖铺就，外则粉墙黛瓦。2009年，谢家后辈女婿张建东捐赠20万元，与校方合作，对谢家老宅进行了保护性修缮装饰和功能化改造，使世纪学府与百年老宅相得益彰。

"思源"碑

谢家老宅旁,立"思源"碑,铭记
师生饮水思源的感恩情。碑文曰:
"昔茵茵湿地,袅袅炊烟。原住民
割舍乡情毅然搬迁,方成就曲水流
觞生态校园。感念襄助,列村名于
后。爰立此碑,抚今追远。"

"思源"碑

文存印记

校史文化墙

百年宝鼎的南北两侧，建有校史文化墙，镶嵌着浮雕，记载着从三江师范学堂到江南大学薪火相传、青蓝相接的发展历程。由数字媒体学院王峰教授创作。

校史文化墙

校园塑像

荣毅仁塑像：位于公益图书馆四楼"荣毅仁与江南大学纪念馆"正厅。出自著名雕塑家吴为山之手。

顾毓琇塑像：位于校史馆"群星璀璨"厅内。出自著名泥塑家高湘莲之手。

荣毅仁（1916～2005）于1993年3月19日当选为国家副主席。曾任私立江南大学校务委员会主席、副董事长。2001年新江南大学合并组建后，荣老十分关心学校的建设与发展，题写："办好江南大学，培养优秀人才，为人民服务"，并担任新江南大学首届董事会名誉董事长。

顾毓琇（1902～2002），原国立中央大学校长、著名教育家、科学家、文学艺术家、江南大学名誉教授。2002年5月，为学校亲笔题词"江南开学府，万顷湖波扬；屏幛九龙好，山高水又长"。

荣毅仁塑像

顾毓琇塑像

朱宝镛塑像：位于生物工程学院大楼正厅内。由设计学院谢恒强、赵昆仑老师创作。

朱宝镛（1906～1995），我国发酵学科专家，发酵专业教育创始人之一。曾受聘为烟台张裕葡萄酿酒公司第一个华人工程师并兼厂长。后应聘私立江南大学教授，创建命名了我国首个"食品工业系"。1958年首任无锡轻工业学院教学副院长。

钱穆塑像：位于人文学院大楼前草坪中。由设计学院徐诚一教授创作。

钱穆（1895～1990），著名史学家、教育家、国学大师。博通经史文学，毕生著书七十余部。1948年任私立江南大学文学院院长。1949年移居香港。1967年移居台北，任教于中国文化学院、中国文化大学历史研究所。

朱宝镛塑像

钱穆塑像

程文浩塑像：位于文浩馆大厅东侧。由著名雕塑家王木东所刻。

程文浩（1887～1965），生于无锡县东亭镇，少时不忘国家兴旺匹夫有责，一生渴望中华民族能屹立于世界民族之林，晚年仍矢志不渝。程志新、程正平等程氏后人捐建"文浩科学馆"，并为之塑像。

田家炳塑像：位于田家炳楼的门厅内。由设计学院贺文忠老师创作。

田家炳（1919～），曾任香港田氏化工有限公司董事长，爱国实业家、慈善家。数十年致力公益，捐助教育、医疗与其他利国生民的慈善事业，贡献良多。

程文浩塑像

田家炳塑像

徐悲鸿塑像：位于设计学院主楼东北侧。由钱绍武教授创作。

徐悲鸿（1895～1953），杰出的画家和美术教育家，与张书旗、柳子谷三人被称为画坛的"金陵三杰"。1949年后任中央美术学院院长。擅长人物、走兽、花鸟，主张现实主义，强调国画改革融入西画技法，强调作品的思想内涵，对当时中国画坛影响甚大。

阿炳立像：位于钱绍武艺术馆院落竹林中。由钱绍武教授创作。

阿炳（1893～1950），原名华彦钧，祖籍无锡，民间音乐家，共创作、演出270多首民间乐曲。虽双目失明，但毕生钻研道教音乐，精益求精；兼长民乐曲风，演奏凄婉动人。新中国成立后抢救性留存其二胡曲《二泉映月》和琵琶曲《大浪淘沙》等六首弦乐档案。

徐悲鸿塑像

阿炳立像

奥运缶

校史馆收藏有北京奥运开幕式上亮相的"缶",赠自无锡市新区政府。在无锡鸿山出土的三千年前乐器遗产中,"三足缶"作为当年的打击乐器,成为"奥运缶"再创作的原型。学校师生曾为北京奥运会设计颁奖礼服,担任志愿者,收藏"奥运缶",具有多重意义。

奥运缶

贤达功德

荣惠桑梓

江南大学的发展得到荣毅仁同志及家族的大力鼎助。我国知名爱国实业家荣德生老先生曾于 1947 年在家乡无锡兴办私立"江南大学",中学为体,西学为用。荣毅仁同志主掌实业及大学管理,子承父志,注重贯彻社会主义教育方针,重点扶持关系国计民生的学科专业,为刚成立的新中国培养了数百名社会栋梁。

在荣毅仁同志的支持下,当年的无锡大学得以更名为"江南大学",1996年再改为"江南学院","荣毅仁教育基金"捐建的"公益图书馆",今藏书刊逾千万册(含电子期刊);设立"教师海外留学基金"百万美元基金,为师资培养发挥了重要的作用。

1999 年,荣毅仁同志派人专程送来个人积蓄 2 万元现金,作为回收先父遗物之用;又出资 60 万元,出版发行陈文源教授所编"荣德生文集"系列丛书。

老公益图书馆

新江南大学成立之后，荣智健先生继续鼎助学校发展，先后捐出"荣毅仁教育基金"共计 6000 万元，支持公益图书馆数字信息资源中心，食品科学与技术国家重点实验室，以及大学生文化活动中心的建设。上述三个单位都成为国家、部、省级科研与教育平台。

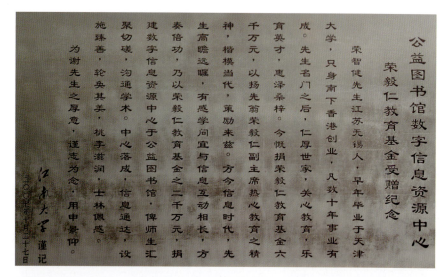

捐建数字信息资源中心

食品科学与技术国家重点实验室

新校区的公益图书馆

大学生文化活动中心

"公益图书馆"由荣毅仁同志题写，馆内存有"荣德生塑像"；建有"荣毅仁与江南大学"纪念馆，门厅树有著名雕塑家吴为山教授创作的"荣毅仁塑像"；各受赠单位刻有纪念铭牌。

"荣毅仁与江南大学"纪念馆内景

君子修远

无锡严家桥唐氏家族（唐君远、唐翔千、唐英年三代）乃抗倭英雄唐荆川之后裔。唐君远青年时期曾就读交通大学的前身南洋公学，早年创办民族纺织工业，打破日商垄断，成为知名的爱国实业家，曾任上海市政协副主席。唐翔千先生在香港创办纺织、机电企业，曾任香港工业总会主席，沪港经济协会会长，他率先采用内地原料，与内地合作发展工业，对国家经济发展贡献突出。唐英年先生海外学成，继承家业，后长期参政，先后出任香港工业总会主席，工商及科技局局长，财政司司长，经济及就业委员会主席，香港特别行政区政务司司长等职，为香港的持续繁荣发挥重要作用，于 2000 年、2009 年先后被授予香港金紫荆星章和香港大紫荆勋章。2014 年，经国务院学位委员会批准，唐英年先生获得江南大学名誉博士学位。

兴学助教是唐家垂范之举。唐君远先生率先创设了"唐君远奖学金"。唐翔千先生创办"上海唐君远教育基金会"，迄今已资助教育事业共计 1.8 亿元。2013 年 10 月，唐英年先生接任基金会理事长。

君远学院揭牌仪式

江南大学授予唐英年名誉博士学位

唐氏家族与江南大学保持着长期的教育合作关系。1997 年，唐尤淑圻女士为江南大学设立"唐尤淑圻研究生奖学金"；2010 年，唐翔千先生捐赠"唐翔千专项教育基金" 4000 万元，与江南大学联合创办"君远学院"，另捐资 200 万元设立"君远奖学金"。唐英年先生创建"君远书院"，指导"君远工程中心"开展工程教育，继续设立"君远卓越基金" 400 万元。

君远学院

君远学院记

唐英年题词石

江南大学是教育部实施"卓越工程师教育培养计划"的首批高校之一，君远学院旨在培养机电领域卓越工程人才，其办学模式和教学改革得到刘延东副总理的高度肯定。君远学院首届毕业生已于 2014 年 6 月毕业，人才质量上乘，深受社会欢迎。

"君远学院"由唐翔千先生题写，楼内建有"君远工程中心"、"君远书院"，大楼正厅镶有"君远学院记"铭牌，以兹纪念。

文思浩淼

江南大学文浩科学馆屹立于学校东大门北侧，是校园内最大的学术与文化活动中心，是学校举办各类大型盛事的重要场所。

文浩科学馆的原捐建人，台北能源航运公司董事长程志新于 1987 年回大陆省亲时，表达了捐赠家乡高等教育事业的意愿。1988 年启动江南大学文浩科学馆建造之时，程志新先生提议将其命名为"文浩科学馆"，既是为了纪念"一生渴望我中华民族能屹立于世界之林"的父亲程文浩老先生，也是为了感怀父辈竭尽全力，将子女栽培成为社会栋才的恩德。

1990 年，该馆正式落成，程志新先生坚持在抗争癌魔的过程中，亲临现场主持建成典礼。这是无锡地区文化单位中第一座现代化的学术与文化殿堂，为促进大学的教学科研与文化交流起到了至关重要的支撑作用。

新老文浩科学馆组图

紫砂浮雕——四大发明

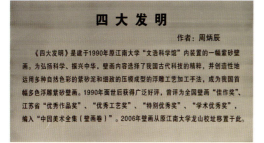

新文浩科学馆内陈设

程志新先生仙逝后，长子程正平先生继承父业，执掌航运公司，并在大陆投资创办建材公司，同时继续关心家乡的教育发展。文浩科学馆建成十周年前夕，程正平先生提出，出资整修文浩科学馆，设计、工程、人力、耗材等由他承担。2000 年，文浩科学馆改造后焕然一新，程正平先生耗资 14 万美元。

2006 年，程正平先生为新校区建设再次出资 500 万元，捐建全新的"文浩科学馆"。新馆总面积 9953 平方米，沿袭老馆建筑风格，具备学术、培训、会展、文娱等多种功能，是学校标志性建筑之一。

为纪念程氏家族三代人的明德卓行，新建文浩馆保留了由著名雕塑家王木东先生创作的"程文浩先生塑像"；扩建了"程志新陈列室"；并以分割墙体的方式，移建"中国古代四大文明"紫砂浮雕（曾被列入"全国壁画大全"）；新馆大厅新增彩陶墙饰"科技之光"，由江苏省高级美术师周炳晨设计；程志翔、王武主编出版《家乡在江南》，荟萃程氏父子鼎助教育之纪实；王武与袁超师生合作，设计"志尚科技　垂荫桑梓"石雕铭文答谢座，借此答谢程氏三代跨越海峡的真挚鼎助与大爱情怀。

学高为师

田公家炳，籍隶广东，门第书香，少怀济世之志，及长振翮高翔。功成于实业，名垂于教育。其为人也，谨遵先君"宁可实而无华，不可华而不实"之诲，笃信古训，"不以一己之利为利，而使天下受其利"。遂有施济善举千余宗，德泽四方，惠及多门，矢志教育，修名闻于海内，先后捐资助学十多亿之巨，受捐学校数以百计。尤钟情于师范教育，援建师范楼以"田家炳"命名者累四十又五。田公平生，声名显赫，荣誉繁多，名定行星，功何伟，业何巨。时至高龄，壮心不已，然适逢时艰，市道不景，为不辍捐赠之计，竟倾尽私产，卖屋助学。品高格贵，世人同钦。

田家炳楼

是楼之立，诚得田公襄助，此高等教育之幸，亦基础教育之幸。而惠泽之先者，乃我莘莘学子。入斯楼也，焉能不英气风发，砥砺品学？出斯楼也，必将背负希望，肩担伟任。后有来者，睹宇思人，追慕高尚，感怀田公，当歌以咏之。雾山苍苍，湖水泱泱，先生之风，山高水长。

田楼记

江南大学脉承三江学堂，悠悠百年，声播四海。近仰科教兴国大策，乔迁于太湖之滨，筑楼于蠡湖新城，遂得其所哉。其间教育学院，业已绵延五十春秋，曾训育学子数千，皆为江南俊彦。方今之时，因机遂愿，专构高屋于新址。楼盘万方，屋层五级，气宇峻逸，巍巍大观。碑乃卓立其名：田家炳教育科学学院。何以得名？盖港人田家炳者捐三百万元助建此楼而名之也。

结语

现如今，校史馆已经成为学校重要的文化基地，不仅是大学精神、办学理念和学校特色文化的物化宝库，也是宣传学校、对外交流的重要窗口；既是新入职教师和新生接受校史校情教育的必修课堂，也是母校联结校友的纽带。

校史馆面向社会开放，宣传大学文化。据不完全统计，学校每年平均接待友好大学领导和国外宾客数百人，接待国内兄弟高校和地方政府部门参访团近三百家，他们中的绝大多数都参观过江南大学校史馆。这里还是江南一带中小学生课外文化素质教育的基地，每年接待青少年参观人数达2万余人次，为孩子们认识大学、了解文化起到引领和育化作用。

外国友人参观校史馆

校友参观校史馆

2010年学校启动"印象江南"校园导航活动，一批批大学生经过选拔培训加入"导航使者"志愿服务活动行列，成为校园形象代言人，他们用微笑传递大学文化，为"印象江南"搭建了一道"微笑彩虹"。一届届大学生，一代代教育者正通过校史馆和分布在校园中的各色人文景观，与大学历史和精神文化深入对话，领悟"笃学尚行"内涵，践行"止于至善"之道。

神以感通长和应

Magnificent Creations from
Master Artist Qian

钱绍武艺术馆

Qian Shaowu Art Museum

编者／王武 王建源

Compilers／Wang Wu Wang Jianyuan

国学为根，诗思为魂。

钱绍武教授创作的艺术精品不计其数，艺术成就揽括素描绘画、铜塑石雕、篆隶行草。情所化，妙摹出尘；意乃凝，文心铸魂；气之势，长风浩荡。近百件代表作无偿捐展于江南大学钱绍武艺术馆，成为校园文博展陈之瑰宝，师生文化素养之典学。

钱绍武艺术馆
Qian Shaowu Art Museum

江南大学"钱绍武艺术馆"筹建于 2003 年，2008 年开馆，成为教育部"大学生文化素质教育基地"组成部分，是江南大学的又一文化瑰宝。

钱绍武，1928 年出生于江苏无锡，曾任中央美术学院教授、清华大学教授、博士生导师。著名雕塑家、画家、书法家、美术理论家。

1942 年师从著名画家秦古柳习作国画，1947 年考入国立北平艺专，1953 年赴苏联列宾美术学院学习，1959 年毕业时获艺术家称号。1986 年任中央美术学院雕塑系主任、教授。曾任国家教委艺术教育委员会委员和北京市人民政府专业顾问。中国国家画院、雕塑院名誉院长。

钱老国学根基扎实，精通古典诗词歌赋；西学修养深厚，获俄、欧传统艺术之真传。在素描、雕塑、书法等领域造诣颇深。他的素描与速写融会中西碳墨技法，表现人物出神入化，"钱体"书法饱含学养、笔走龙蛇、激情四溢、别具一格。其雕塑作品内涵深邃，沉雄浑朴，诗意盎然，神形拓一。他为诗圣杜甫造像，为李清照的"千古词魂"留真，让曹雪芹的"清泪"依稀欲滴，在似有似无间发出"墨点无多泪点多"的感叹。每件作品皆反映出渊深的文学底蕴对雕塑意境的烘托。

钱老于 2001 年初访江南大学，2003 年受聘为客座教授。学校仰慕钱老艺术成就，决定兴建"钱绍武艺术馆"，永久陈列他的创作精品，钱老当即首肯。2006 年，钱老再访江南大学，见"钱绍武艺术馆"翠竹满园，校园曲水流觞，顿生豪情，赠予雕塑、书法、素描作品近八十件，以供展陈，其中雕塑为原模铸造、书法乃现场挥毫，素描与绘画为精印件。王武、姜忠平、王建源与贺文忠等不遗余力，取宝得墨，策划布展。两年后，钱老亲临剪彩开馆。中外嘉宾、文人墨客、师生员工及社会人士得以近距离观赏大师极品，领受高雅艺术熏陶，提高自身人文修养。钱老乐于以文"化"人，其艺术丰碑与人格魅力将产生久远的影响！

本篇刊出我校"钱绍武艺术馆"中的部分精品。文字部分取自钱老的演讲或介绍的记录。

妙摹出尘
——素描绘画

采风描实

钱老在"素描谈"中提到：我的画当然有"特别"之处。

其一，因为我是雕刻家，所以我画的形体都有较强的立体效果。看正面的时候脑子里还要看到背面，好像你的眼睛绕着这个物体转。这种观察方法当然更麻烦一点，但是立体效果大大增强，对形体美的体会也就更深入一些。

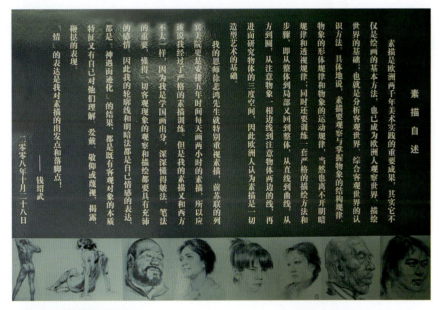

素描自述

素描是欧洲两千年美术实践的重要成果，其实它不仅是绘画的基本方法，也已成为欧洲人观察世界、描绘世界的基础，也就是分析客观世界，综合客观世界的认识方法。具体地说，素描要观察与掌握物象的结构规律，物象的形体规律和物象的运动规律，当然也离不开明暗规律和透视规律，同时还要训练一套严格的描绘方法和步骤，即从整体到局部又回到整体，从直线到曲线，从方到圆，从注意物体一根边线到注意物体两边的线，再进而研究物体的三度空间。因此欧洲人认为素描是一切造型艺术的基础。

我的恩师徐悲鸿先生就特别重视素描，前苏联的列宾美院更是安排五年时间每天画两小时的素描训练。但是我的素描又和西方不太一样，因为我是学国画出身，深深懂得皴法、笔法的重要，懂得一切客观现象的观察和描绘都要具有充沛的感情。因此我的轮廓线和明暗法都是自己情感的表达，都是"神遇而迹化"的结果，都是既有客观对象的本质特征又有自己对他们理解、爱戴、敬仰或蔑视、揭露、鞭挞的表现。

"情"的表达是我对素描的出发点和落脚点！

——钱绍武

二零零八年十月二十八日

其二，因为我是学国画出身，很自然地重视"用笔"，懂得笔法的重要。欧洲人画素描注意物体光影、空间距离以及物象质感，力求准确地描绘点、线、面，但国画家看见的是物象所蕴涵的"神韵"和"味道"。创作时融入画家自身的情感变化，就具有了或浩荡奔放，或温柔婉约的格调。我也画模特，但看到的是令自己动情之态，描画的是对美丽生命的赞美和歌颂。

其三，因为我是书法家，用毛笔作画时，每一笔都不重复、不修改、不磨蹭，放笔直书，一挥而就。我也曾用炭精条作画，虽然是欧洲技法，但精神本质是中国书法文化，是皴法，因而是主客观相结合、化情于画的再创作。

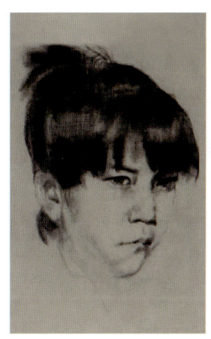

妙胴传神

钱老强调："人类是地球上物种发展的最高成就，从审美的角度，人体艺术恐怕是最完美的代表。刘海粟先生说：'人体是美中之至美'；黄永玉先生说：'因为太美了，我不忍心把他们抽象了'，这大概并非专指，但我正是以这一原则来对待人体艺术的。"

"我的恩师徐悲鸿先生特别重视素描，前苏联的列宾美术学院更是安排学生在五年内每天花两小时练习素描。我经过了严格的素描训练，但是我的素描又和西方不太一样，那是'神遇而迹化'的结果，既表现客观对象的本质特征，又表达出自己对被描绘对象的理解、爱戴、敬仰，或蔑视、揭露、鞭挞。总之'情'的表达，这就是我对素描的出发点和落脚点！"

水彩山林

"宁静、神秘、神圣,整个地完全融会在一起了。给你一个过程,给你一个逐渐适应、逐渐构想、慢慢体会,直至形成内外一致、心画统一的构思。"这是钱老创作的又一体会。

文心铸魂
—— 雕塑

访谈钱老时，他娓娓道出：

"整个雕塑过程的实质，就是用几何体的变化和组合，建立与表现塑造对象的最本质、最纯粹的形象。在保持均衡的原则下，面对一个具体的雕塑，材质、线条、空间、体积等可有诸多选择和组合。均衡的形式是宇宙的法则，和意识形态无关，和痛苦、快乐无关，是文化涵养与审美习惯，成为知觉感受的依据。一个雕塑家、建筑家最重要的敏感性就在于此，必然要考虑如何从不均衡到均衡，从静态均衡到动态均衡，又如何打破旧均衡而达到新均衡。"

"好的雕塑艺术就是要创作富有个性的几何体，对共性具体理解和融化后的个性。没有共性的个性，对人类显得多余，也不可能产生很大的影响力。好的雕塑作品既要符合形式规律的'均衡'，又要确切表达人性的情感因素，雕塑是'外师造化'与'中得心源'的综合体现。"

"国家民族的沧桑巨变，个人家庭的坎坷遭遇，家国相系的不可分割，使艺术家涌现悲欢离合、喜怒哀乐的情感，并产生巨大的责任感。沉重的历史记忆、忧伤的生命体验、深刻的人生教训，需要诉说，需要传达，把内心世界奉献给他人，使之醒悟、有所提高，这种悲天悯人的情怀，成为雕塑家精神世界的主基调。经过长期的心路磨合与艰苦创作，自然而然会有正确的感觉，去掌握高超的技能，去塑造出鲜活的个性，作品也就比一般人高明得多。"

"操千曲而后晓声，观千剑而后识器"。这是钱老总结自己的艺术成果时喜欢引用的名言。的确，钱老所塑造的每尊人物雕像，都经历过跨越时空，渗入内心世界，体察人生筚路，缕析人物灵魂的心路历程，体验了这一切之后，才能渐入他的自由创作王国。

毕业之作

大路歌，作于 1959 年，青铜

该作品长期陈展于中国国家博物馆。立意源自田汉所写的歌词"背负重担朝前走，自由大路快筑完"。作品体现老中青三代纤夫合力相携，与石磙形成一个在重压下向前冲刺的三角形，体现中国民主革命的根本精神和艰难历程。本馆重铸这一雕塑经典，作为镇馆之宝。

大路歌

全身雕像

关公像，作于 1993 年，青铜

愚公移山，作于 1983 年，青铜

"这是我长期探索的题材，但做的都不理想，因为我陷入了山与人的具体关系之中，人大山小不对头，人小山大也不对，现在想到了必须摆脱这种两败俱伤的构思，但这是个探索的过程，这里的作品只是一次失败的'尝试'。"

关公像

愚公移山

观音像，作于 1993 年，青铜，涂白，仿汉白玉效果

李清照像，作于 1992 年，青铜
"刻画女词人敢于抗争的精神，她毫无顾忌，揭示南宋小朝廷的怯弱自私，她体质的弱不经风，精神的独立不惧，是我这个作品的主题。"

观音像　　　　　　　　　李清照像

人体像，作于 1987 年，青铜
"人体是欧洲雕刻家的主要题材，也是雕刻家的基本训练，人体的确是'美中之至美'。"

人体像

杜甫坐像，作于 1980 年，青铜
刻画杜甫晚年乘舟悲伤，看到人民
悲苦而掩卷叹息。作品曾经在法
国，日本等多地展出，现为中国美
术馆所收藏。

杜甫立像，作于 2007 年，青铜
强调杜甫已经贫病交加，勉强倚
仗，立于秋风之中，但在两眼中依
旧流露出忧国忧民的忧愤之情。

杜甫坐像

杜甫立像

名人头像

孙中山头像，作于 2002 年，青铜
刻画孙先生在漓江登岸向北伐军各领导作动员报告时的昂扬奋发气概。

杜甫胸像，作于 1980 年，青铜

曹雪芹头像，作于 1995 年，青铜
体现"红楼一梦"的悲剧情节，看得不想看的"倦眼"中流出一滴清泪。

神农像，作于 1998 年，青铜
"在中华民族的远古祖先中，我最喜欢神农氏。我两次去神农架，定下了神农坛的位置，群山环抱中一座小峰，于是决定做一二十米高的头像，牛角长三十米，小山成了巨像的身子，完成后，觉得浑厚开阔，确有中华始祖的气概。"

孙中山头像

杜甫胸像

曹雪芹头像

神农像

赵沨像（浮雕），作于 2001 年，青铜

伍子胥头像，作于 2003 年，青铜

"伍子胥相土尝水，建了苏州城，但他又是位悲剧人物，除了在苏州胥门做了全身像和高浮雕外，我又做了个巨大的头像，纪念他忠而被谗、刚正不阿的精神面貌。"

高攀龙像，作于 2002 年，青铜

"这是立于无锡东林书院旁边的大型浮雕群像的一个局部，主要刻画一位中国最优秀的知识分子的高尚品德，对恶势力作坚决抗争的大无畏精神，面对死亡处之泰然，毫无咬牙切齿等表面动作，而心事浩茫，舍身成仁的决心昭然在目。"

季羡林胸像，作于 2000 年，青铜

赵沨像（浮雕）

伍子胥头像

高攀龙像

季羡林胸像

长风浩荡
——书法

钱老来校讲演时谈及："只有将中国渊源深厚的诗、文融于书法，才能推动书法艺术的发展。跳出书法看其艺术特点，可归纳为五要素，即建筑性、舞蹈性、音乐性、笔法和色彩。

建筑性——指书法整体外形比例感与内部空间安排的艺术性。中国书法的结体是最基本的艺术语言，是一种建筑感，具有无限的丰富性。要有巨大的造型创造力才能使结体的构成发生变化，篆隶行草等书法在结体过渡阶段最具丰富变化的可能性，故而能造就出大书法家。

舞蹈性——正楷无所谓舞蹈性。行草以后，单字相连，以奇反正，是运动阶段的统一，行进过程的平衡，这就是舞蹈的本原。舞蹈性讲究以高就卑、以宽就窄、以险就易，互动互补。变化中奇正相交，文雅潇洒、慷慨激昂，舞蹈性就是运用动平衡达到雅致感人，表达内心情感的要素。

音乐性——指书法的落幅。其具有'时间艺术'的特点，由低潮到高潮，有启承转合，以快慢、高低、松紧、枯湿、大小、轻重相协调，落幅是书法的魅力所在。毛主席草书'庐山仙人洞'时，诗人情感在落幅中得到充分表达，开头平缓，中段潇洒，最后大起大伏，书至'无限风光在险峰'，字体渐大，高潮迭起。这种从低潮到高潮的变化体现才是落幅的本质，极具音乐感。

笔法（笔触规律）——中国是书法的民族，中国书法的特殊性是每笔都有法度，是笔法的概念，非线条的结体。入木三分，如锥画沙，力透纸背，中国书法解决了一笔表达意境的技法。所谓'一笔画'就是，一笔下去见分晓，不得涂改修正。核心在于用笔，感情倾注于笔法。一笔画正是书家发自内心的律动，如同人体的心电图一般。一笔下来，观者可从字里行间，感知书家喜怒哀乐的情思，接受书者展现灵魂的方式。中国艺术对世界艺术贡献最大的，就是笔法。英国著名艺术理论家赫伯特·理德在他的《现代美术史》中认为现代抒情抽象画的创作精髓源自中国书法。笔法用笔触规律呈现技艺，表达情感，不是'再现'而是'表现'，这种最纯表现原则越来越多地被现代派画家所采用、所发展，其根则是中国书法。

色彩（绘画性）——明代以后出现的书法，笔墨有了浓淡变化，是自然流露，非刻意安排。很多画家发展成为书法家，画家写字不像书法家那样用浓墨，往往是淡了就加点墨。书法笔墨中忽浓忽淡，具有绘画艺术'墨分五色'的色彩功效，韵味丰富，更具表现力，我认为书法艺术性中加上'色彩'的因素，使得中国书法更具个性与魅力。"

大型横幅

《泰山颂》

北大杨辛，八十又五，三十九次徒步登岱，乃作泰山颂，大气磅礴，豁人胸怀。余书之于中央政治局会议厅厅东壁。友人喜此诗，逐复书之。

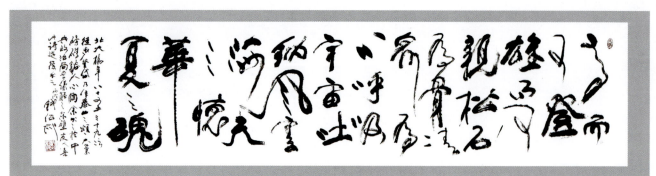

《泰山颂》

匾题之作

《张子语录》

《张子语录》，张载，
尺寸：68cm×138cm

为天地立心，为生民立命。为往圣
继绝学，为万事开太平。

《楚辞·九歌·少司命》，屈原，
尺寸：35cm×215cm

秋兰兮麋芜，罗生兮堂下。绿叶兮
素枝，芳菲菲兮袭予。夫人兮自有
美子，荪何以兮愁苦？秋兰兮青
青，绿叶兮紫茎。满堂兮美人，忽
独与余兮目成。入不言兮出不辞，
乘回风兮载云旗。悲莫悲兮生别
离，乐莫乐兮新相知。荷衣兮蕙带，
儵而来兮忽而逝。夕宿兮帝郊，君
谁须兮云之际？与女沐兮咸池，晞
女发兮阳之阿。望美人兮未来，临
风悦兮浩歌。孔盖兮翠旌，登九天
兮抚彗星。竦长剑兮拥幼艾，荪独
宜兮为民正。

《楚辞·九歌·少司命》

《枯树赋》，庾信，
尺寸：156cm×178cm
昔我种柳，依依汉南。今日摇落，
凄怆江潭。树犹如此，人何以堪。

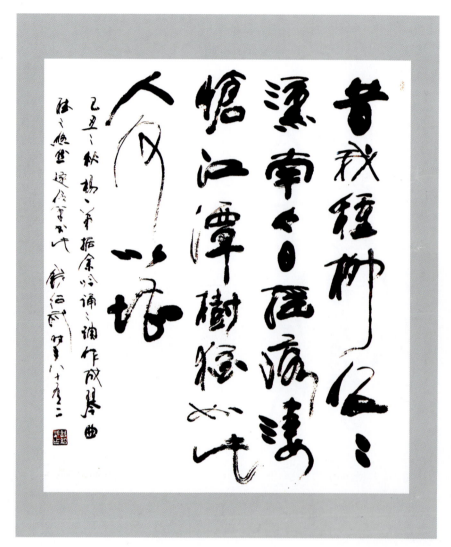

《枯树赋》

《江城子 乙卯正月二十日夜记
梦》，苏轼，尺寸：35cm×138cm
十年生死两茫茫，不思量，自难忘。
千里孤坟，无处话凄凉。纵使相逢
应不识，尘满面，鬓如霜。夜来幽
梦忽还乡，小轩窗，正梳妆。相顾
无言，惟有泪千行。料得年年肠断
处，明月夜，短松岗。

《江城子 乙卯正月二十日夜记梦》

《题宣州开元寺水阁》，杜牧，

尺寸：35cm×138cm

深秋帘幕千家雨，落日楼台一笛风。

《题西林壁》，苏轼，

尺寸：96cm×178cm

横看成岭侧成峰，远近高低各不同。不识庐山真面目，只缘身在此山中。

《题宣州开元寺水阁》

《题西林壁》

诗意信手

《停云并序》，陶渊明，
尺寸：35cm×138cm
霭霭停云，濛濛时雨。八表同昏，
平路伊阻。静寄东轩，春醪独抚。
良朋悠邈，搔首延伫。

《晚晴》，李商隐，
尺寸：68cm×138cm
天意怜幽草，人间重晚晴。

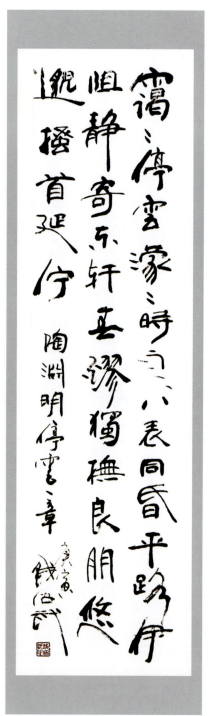

《晚晴》　　　　　　　　　　　　《停云并序》

《咸阳城东楼》，许浑

山雨欲来风满楼

《咸阳城东楼》

刘禹锡

《陋室铭》

山不在高，有仙则名。水不在深，有龙则灵。斯是陋室，惟吾德馨。苔痕上阶绿，草色入帘青。谈笑有鸿儒，往来无白丁。可以调素琴，阅金经。无丝竹之乱耳，无案牍之劳形。南阳诸葛庐，西蜀子云亭。孔子云：何陋之有。

《浪淘沙》

日照澄洲江雾开，淘金女伴满江隈。美人首饰侯王印，尽是沙中浪底来。

《陋室铭》，《浪淘沙》

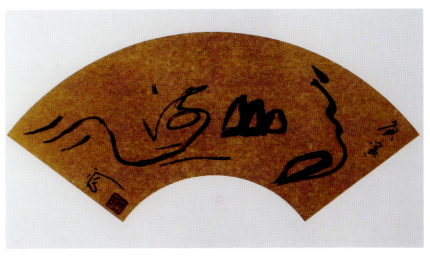

高山流水

结语

2011年3月13日，中央电视台国际频道《流行无限》栏目组来到江南大学，摄制"雕塑大师钱绍武的艺术人生"专题节目。节录部分内容：

"钱绍武是一位有着传奇色彩的艺术家，经历过人生的大起大落、悲欢离合。这些不寻常的经历与情感都被他融入到艺术创作中，对他日后艺术风格的形成起到了重要的作用。

无锡市文联副主席、书法家协会主席王建源说：'钱老在塑造这许多人物的过程中，一是借鉴了西方的写实，二是引用了东方的写意，然后将古典的和现代的要素巧妙融合在一起，这么一来，为他塑造人物提供了更为开阔的空间和思路，从而提升了他的创作意境'。

艺术馆的墙上，镶着钱老的座右铭'国学为根 诗思为魂'，多年来深厚的国学素养与激情四溢的诗人气质，使得他的书法成就与雕塑相比，毫不逊色；书法大作《泰山颂》长期悬挂在中共中央政治局会议厅。

书法'长江苍龙起，塞纳彩凤飞'曾作为国礼，由原中国驻法国大使馆吴建明大使转送给法国前总统希拉克。钱老说，我们自己的文化实际上真是值得世界来欣赏、来体会，这些是人类创作非常重要的一部分。我们有责任把这些民族艺术精品向全世界来阐明、来展示。

谈到他的艺术功底，钱老回忆：幼时的老师秦古柳教导：想学好中国画，必须先精通中国的文化。刚拜师时，秦先生要求：'你必须学会做诗，然后字要写得好，再书法写得好，然后再画画，这样才能成为画家。'这些教诲一直深深地印在脑海中。'我最大的收获，或者说奠定了我一辈子写意才能的特色，就是在秦古柳先生那里接受了五年基本功培养，也就是真正的中国传统国画教育。'

钱老强调：'画家要有自己的感受、自己精神的一种体现'。'画家最根本的是个诗人，诗中有画，画中有诗，这就是中国画家最基本的要求'。中国艺术从来就是诗的艺术，具有诗人气质的钱绍武对中国传统文化有着很深的造诣。深厚的文学底蕴使他的艺术创造不仅别具才情，而且充满了诗意。诗书画的交融已经成为中国传统艺术特有的符号。钱绍武的独特贡献，还在于他把这种早已存在于平面视觉艺术中的传统符号，创造性、延展性地移植到三维的雕塑艺术中，从而使雕塑作品也浸染上浓浓的诗性韵味，因而富含民族特色。

继承和发扬中国传统文化，钱老仍在不停地探索着，他说：过去的圣人有很多好的道理，我们要把它们继承下来。这是中国知识分子必须承担的历史责任。'为天地立心，为生民立命，为往圣继绝学'，钱老经常把这一名言挂在嘴边。

回顾钱老七十年来走过的道路，他始终坚持在艺术创作中表现中华民族的凛然正气，弘扬时代变革的进步精神，探索艺术表现的个性魅力。他的艺术人生无疑对当代中国艺术工作者有着重要启示和借鉴作用。"

意玄形妙冠今夕

Ideas by Surprise & Innovations
of Intriguing

设计馆
Design Museum

编者／王武 魏洁 姜靓
Compilers／Wang Wu Wei Jie Jiang Liang

本乎形者，融灵化变。

创意是设计的灵魂，创意在唯美自由的意境中游走，设计在时尚开放的氛围中培育，继而潜移默化地孕育出新的价值。这里仅展示设计馆收藏的沧海一粟，尽管凤毛麟角，依然可窥见历史发展与学科沿革之一斑，体验到情思、气蕴、色系、组构、功能的交互律动，感受到张意形用的无穷魅力。

设计馆
Design Museum

江南大学设计学科创建五秩有余，既是一部"设计创新"奋斗史，也是"设计教育"探路史。筚路蓝缕，风雨兼程，几代师者相聚相守、奋力打拼、成果良多；近万名毕业生不负师传、创意无限、如鱼得水，活跃于国内各设计院系和知名设计单位。多少著述传播海内外，多少作品服务社会各界。

当年的无锡轻工业学院曾被誉为"中国轻工高等教育的明珠"，尤以食品、发酵、设计等学科为特色。设计学科的诞生，起因于 1959 年在南京举办的江苏省轻工产品展览会，参会的有识之士在会展期间共同呼吁，为促进我国轻工业的长足发展，需培养"轻工产品造型美术设计"的高等人才。经短短几个月筹建，陈维信、许恩源、黄名芊、徐里君等几位创始人青涩未脱，却肩负重任，开办"轻工日用品造型美术设计"专业，并于 1960 年 9 月招生。这是国内第一个打出"美术设计"牌子的专业，而后该专业扩建为"工业设计系"，兼收理工科与艺术类生源，报名与录取之比往往超过 50:1，开创了全新的艺工结合的人才培养模式。

无锡轻工业学院造型系初创四人：陈维信、
许恩源、黄名芊、徐里君

无锡轻工业学院艺术类招考的入场瞬间

学科创建三秩有余，逐累积大批优秀设计成果，形成独特的设计文化气质。尽管青山湾校园狭小，学校还是见缝插针，建造了设计楼，并为"设计馆"预留了两百余平方米的空间。1995年，学校升格为"无锡轻工大学"，"设计学院"随之挂牌，学校彰显学科文化的第一个展馆——"设计馆"也同时开张了。1996年10月，设计馆创办周年之际，原中共中央政治局常委、国务院副总理李岚清同志来馆视察指导，给予我们莫大的鼓励。

青山湾校区设计学院

设计学院揭牌的报道

李岚清同志参观青山湾校区设计展馆

随着校园的扩建和设计学科的发展，"设计馆"几经迁移、改造、更展，1997 年，从青山湾校区搬到梅园校区，再随蠡湖新校区的建成，于 2008 年重新建馆。新"设计馆"的建设得到 100 万元"荣毅仁教育基金"的资助。2014 年学校再度投入资金，对设计馆扩容改造。陈展分为三个板块：中心展馆、主题展区和毕业设计展区。中心展馆部分以实物模型、展板与电子呈现等多元形式相结合。今天千百件设计案例与教育成果轮展于江南大学设计馆，这里是设计学科发展的鲜活见证，是广大学子吸纳创作思维、切磋设计技艺、点评创新成果的实践教育基地，是开展国际切磋与合作的互动平台。我们有理由提炼、编撰设计馆的精华，尽管呈现的只是凤毛麟角中的片羽只鳞。

梅园校区设计馆

2008～2014 年蠡湖新校区设计馆

2014 年至今蠡湖新校区设计馆

初期创意

首创设计专业

1960 年，这里诞生了国内首创的"轻工日用品造型美术设计"专业。名称虽拗口，意义却非同寻常，这个仍带有"美术"字眼的设计专业，象征着中国"高等设计教育"的萌芽破土而出。当年我国轻工业在经济格局中独占三分天下有其一的鳌头，但毫无新意的造型与包装严重影响了轻工产品出口外销。最初的任务是，从传统的轻工产品——玻璃、搪瓷、塑料等制品着手，引入新的设计理念，兼顾结构、功能与美学，研发出自成一体的理论和技法。遗憾的是，出于历史的原因，专业启蒙时期的作品未能得以收藏。

至 20 世纪 70 年代后期，设计学科步入快速进步的轨道。张福昌、吴静芳两位老师踊跃报名参加留学考试，成为日本东京造型大学与千叶大学的公派访问学者。归国后他们为师生带来了日本工业设计发展与学科建设的经验，促成了"工业设计系"的诞生。多位专业背景各异、富有创意思维、拥有设计成果的中青年人才的加盟，促进了人才培养模式的改革与设计创意成果的大量涌现。工学的数理基础和艺术的特殊悟性相结合，开放的创意与传统的文化相互取长补短，社会各界开始对我们的设计学科刮目相看。

设计服务对象逐步从轻工日用产品拓展到家用电器、交通工具、公共户外设施等，不少设计成果被企业界直接采用，为改革开放初期中国工业产品的更新换代发挥了重要的作用。

早期设计作品

青山湾"设计馆"中展示过早期设计作品，包括：师生参加国际设计大赛获奖的作品模型；张福昌老师设计的吸尘器成为国内同类产品的范本；刘观庆老师设计的东风火车头对于中国工业设计界具有里程碑的意义。

吸尘器
设计师：张福昌

东风火车头
设计师：刘观庆

香港维多利亚港湾疾驰的气垫船造型设计曾拔得头筹；沈大为老师有幸为香港区旗区徽设计服务，并获得优秀设计奖；出口韩国的黑白电视机设计深受对方用户欢迎。当年馆展展出过的作品还包括"开放的中国迎奥运"招贴画，曾经为中国首次申奥争光；兼备明式家具特点与现代造型流线为一体的"新中式"座椅；为四川知名酒业开展的全新产品与包装设计等等。

气垫船造型设计原稿

香港区旗区徽设计奖

为出口韩国而设计的黑白电视机

以"太极"为原型，隐指：视频色系为"黑白"，阴极管发射与"阴阳"两极相关。整体上则表达着东方原朴的、辩证的哲学思想。

拓展之作

迁往梅园设馆

1996年，无锡轻工大学有幸成为全国轻工院校中唯一列入"211工程"建设的高校，设计学科是"211工程"建设的三个重点学科之一。在基础设施、师资队伍、实验室、图书资料等方面的重点投入，使设计学科如虎添翼。随着设计学院自身的发展壮大，以及校园扩展而带来的院系布局的重新整合，设计学科于1997年迁到梅园校区。当年那座建筑面积将近2万平方米的设计大楼曾是国内最大的设计学科单体楼。设计展馆主体位于大楼正中央二层，面积接近1000平方米。大楼内走廊墙面建成通透的玻璃隔墙，各专业的设计作品悬挂于内侧，形成了一条很有气势的辅展长廊，其展面超过1500平方米。

梅园校区设计学院

梅园校区设计展馆辅展长廊

梅园校区设计展馆

设计方向拓展

梅园设计馆曾经展示过蓬勃发展的视觉传达设计、环境景观设计、公共艺术设计等作品，琳琅满目、精彩纷呈，不少作品获得专业领域的最高荣誉。许多年轻教师开始崭露头角，逐渐被企业界与社会各界所认可。

雕塑《希望》
设计者：徐诚一
创作于特大洪灾之后，获第九届全国美展银奖

第十一届亚洲运动会海报
设计者：林家阳

雕塑《一路走好》
设计者：周阿成
以高度的社会责任感，关注农民工状态

无锡市金匮大桥
设计者：过伟敏
以江南山水为原型设计的金匮大桥

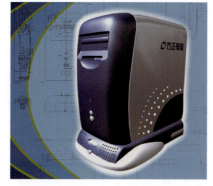

北大方正电脑外形设计
设计者：徐彤

梅园校区办学期间，设计学院推出的标识设计至今依然被业界所津津乐道，如用蜂窝、铅笔头、七巧板演绎的英文字母、赛事标示等。"蜂窝"可以看成是多学科汇聚成"新巢"；"铅笔头"代表着来自笔头创意与工程钻头的"艺工结合"；而"七巧板"也可寓意着"本乎形者，融灵化变"。

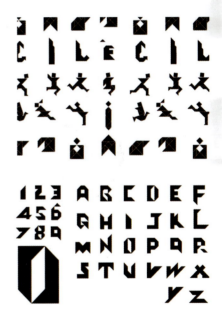

蜂窝、铅笔钻头   七巧板及拼图

这个时期的学术成就和育人成果也在梅园设计馆中得到一席展示空间。以双边交流为主的国际合作也逐渐过渡到多边互动，联合创办"设计博览会"和主体化的"国际设计节"取得巨大的成功。

2007 年，日本千叶大学为表彰张福昌教授三十多年为中日设计教育交流所作出的贡献，授予他"名誉博士学位"，这是该校历史上的第三位"名誉博士"。

著作、教材等

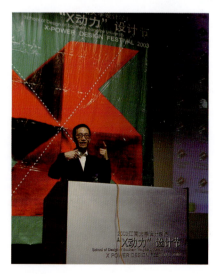

张福昌教授的名誉博士证书

"X 动力"国际设计节评比

"X 动力"国际设计节学术报告

交互贯通

新校区新建馆

2001 年，三校合并组建新的江南大学，2003 年新校区建设启动，2006 年设计学院迁往新校区办学。通过三期"211 工程"建设，设计学院的专业方向大为扩展，培养硕士研究生十余年后，在"轻工技术与工程"一级学科之下，设立了"产品设计理论与方法"的博士生专业。进一步确立了"问题为导向、人本为主旨"的设计思想和准则，探索研究路径，创新设计方法，使设计更加贴近经济、社会与民生。

2008 年，适逢学校独立建校五十周年，蠡湖校区设计新馆重建时设立中心展馆、主题展区和毕业设计展区 3 块子空间。中心展区面积 500 余平方米，以珍贵实物和版面展示设计学院建院以来具有重要社会影响的设计成果。

蠡湖校区设计学院

2008 ～ 2014 年蠡湖校区设计馆

第一批展品包括：各类设计经典——青藏动车内装设计，家用机器人，城市印象设计，中瑞合作设计作品之瑞士军刀和平赋义、马特洪峰牛奶杯、"水主题设计"、德芙巧克力新造型。期间还展示过中外合作举办的设计工作营实践与竞赛，海峡两岸"竹主题设计"项目，"Criss-Cross"设计作品等等。教师们的论著、作品集，以及设计学院创办的专业期刊《创意与设计》也得到展示。

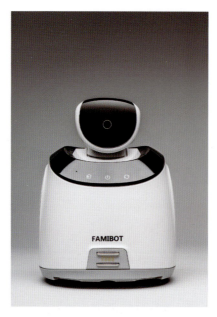

科沃斯 Famibot 机器人设计
设计者：邓嵘

苏州印象
设计者：过宏雷

WuSu 合作马特洪峰牛奶杯

中瑞教育合作成果之一，奶杯内底形似阿尔卑斯山的马特洪峰。当牛奶饮尽，杯内显出冰山融化之景，寓意人类须对气候变暖负责。

德芙巧克力包装系统设计开发

城市剪影——瑞士军刀的和平赋义

六片刀具，变成了瑞士六大城市的剪影。

"Criss-Cross"展览

推动交互设计

2010 年，设计学院首次向全球公开招聘院长人选，香港理工大学辛向阳教授应聘到岗，他拥有美国卡耐基梅隆大学设计学博士学位，专长于"交互设计"前沿性引领。他融汇多学科知识，设计的"中国朝代尺"让人们对四千年中华文明发展的综合实力一目了然。"中国朝代尺"成为中国教育部特制礼品，曾赠送给来访的希腊总理。辛向阳教授的到来推动设计首次与哲学亲密接触，引领设计向着多学科交互贯通的方向发展。

设计国际交流推向新的高潮，设计学科与美国辛辛那提大学、美国罗切斯特理工大学、瑞士苏黎世艺术大学、意大利米兰理工大学、美国卡耐基梅隆大学、香港理工大学、芬兰阿尔托大学、荷兰代尔夫特理工大学、日本千叶大学、英国创作艺术大学等 50 余所国际著名设计院校和设计企业保持着长期的教学与科研合作。

经过国际认可，2012 年学院成为"CUMULUS 国际艺术院校联盟"成员。辛向阳教授于 2014 年获得世界交互设计协会年度最高荣誉奖——Interaction Awards Future Voice（交互设计未来之声奖）。

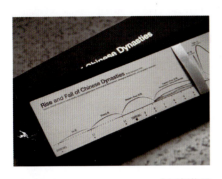

中国朝代尺
设计者：辛向阳

国际交流　　　　　　辛向阳教授获交互设计未来之声奖

多元展示方式

2014年设计馆进行全面更展，中心展区增加了师生新的设计作品；交流展区引入数字媒体技术，使得设计创意与创新过程得以演绎。大型环幕和电脑触屏让观众根据需求观赏个性化的创新创作，并与展示内容互动。

设计学科主办的各种品牌性学术活动："设计工作营"、"设计博览会"、"设计教育研讨会"等屡屡吸引一大批国内外设计家前来交流。学院成为全国高校唯一获得工信部"工业设计金奖"的单位。

2014年更新的设计馆

工业设计产品一隅

2014年更新的设计馆环幕

CROSS BAMBOO
设计者：曹鸣

"CROSS" BAMBOO 系列是运用传统圆竹、合成竹材与塑料的结合，希望在保持原始材料的自然属性的同时，并利用现代材料衔接与规范原始材料，使之具备现代设计的特征。在设计中，没有过分凸显文化的显性特征，只是在比例关系及形态框架中看到一些传统器具或家具的影子，更多的希望通过产品的气质来体现传统美学。此作品系列应英国欧洲设计联盟的邀请参加美国纽约国际当代家具 ICFF 展。

电子轴凹印机产品开发
设计者：张凌浩、莫家俊

针对国际领先品牌的市场及设计趋势分析，结合产品的定位及特点进行调研分析，对产品进行整体识别策划和规划设计，在目标凹印机设备产品的相关功能、结构和组件的基础上，进行从整体功能外观、色彩形象及相关工艺、结构等多方面的整体开发。从造型美学、安全设计、用户体验、市场竞争策略作为主要突破口提供系统解决方案。

无锡国家数字电影产业园设计原稿
设计者：毛白滔

在无锡雪浪钢铁厂旧厂房的基础上，设计改造成著名文化产业——"无锡国家数字电影产业园"。设计方案将旧厂房分为建筑外观与内部空间两部分，建筑外观设计上保留原建筑的基本形态，内部空间两侧两跨排架整理考虑在原有结构牛腿柱部分加挑一层做双层通廊式宿舍。中间一跨保留不动作为公共活动区域，既有效地利用厂房的跨度，又保留了原厂房本身的序列空间。

德国 Kuschter 啤酒 VI 设计
设计者：魏洁、姜靓

以德国啤酒文化为背景，针对年轻受众的现代消费理念，着重研究生活方式对品牌塑造以及产品营销的影响，对 Kuschter 品牌进行了系统设计，包括品牌 LOGO 的确立、包装设计的研发以及在德国完成的印刷工艺技术，乃至企业网站的应用设计。该设计的亮点是，巧妙融合产业形象与产品实体成为一个完整的形象系统，不仅引导企业深刻把控品牌取向，也从视觉传达角度使人对企业与产品快速形成深刻印象。

新文人壶——研山壶
设计者：陈原川

借传统赏石中的"奇石"之形，打破历代制壶高手的制壶模式，另辟蹊径，与现代设计的精神相结合，将不规则的孔洞石材与紫砂壶身的直线与弧线巧妙衔接，心有灵犀，天人合一，外师造化，中得心源。手捧一方研山壶，好似古园品茗，听风颂月。

《形态》——第二届青年奥林匹克运动会
（中国南京，2014）青年文化体育公园系列
公共艺术品
设计者：王峰、李栋宁

对源于自然和人造的各种形态进行艺术再
创作，以常见形态为创作灵感，和自然形
态与典型的人造形态（如涵洞、回形针、
键盘等）相融合，进行艺术化再创作。系
列作品以石材、塑料、金属为主材料，创
作了一系列既简约又复合，既有审美价值，
又有休闲功能的公共艺术作品。

《弈》28.5cm×28.5cm×12.2cm
设计者：周阿成

"世事如棋"，围棋中蕴涵着人生的哲学，
以此来表达对当下时代人与人、人与自然
和人与社会关系的思考。

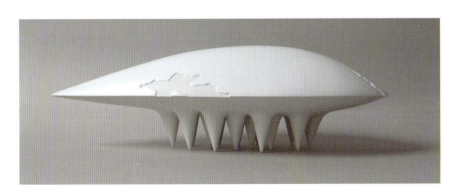

《迁徙》40cm×21cm×14.5cm
设计者：周阿成

以意象化的形式表达，使之犹如行游于陆
地、徜徉于海洋、悠闲于云间的生灵，是
对期盼生态保护与生命永恒的精神寄寓。

后生可畏

学生作品获奖

得益于人才培养理念的不断更新，设计学院始终引领着设计教育改革，教学成果屡见不鲜。将设计人才培育的重点转向"养就创新思维，扩大设计交互，融通多元技法，强化创造能力"，培养出的学子具有宽阔的知识视野、很强的时代意识、独立的创意思维，以及超强的设计能力，即使在本科就学阶段，也能产出令人惊喜的设计成果，在国内外各类重要设计赛事中屡创佳绩。

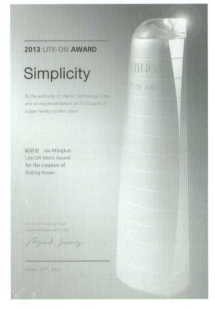

馆里留有一定的空间，用以展示设计人才培养成果的实例。

设计学院近三年来获得美国 IDEA 设计金奖、德国红点至尊奖、德国 IF 设计奖等国际大奖几十项，名列 IF 全球获奖设计院校最新排行榜第 7 位。德国 IF 设计奖获取 12 项，中国环艺设计学年奖 32 项，台湾光宝设计金银奖 9 项，以及第 12 届全国大学生设计"大师奖"的金银奖等。

Life-on——基于生态材料的绿色屋顶系统
设计
2013 美国 IDEA 金奖
设计者：滕轩

取而代之的瓦片具有凹槽结构，可种绿草，
使得房屋冬暖夏凉，且有助于吸收二氧化
碳。该设计从众多参赛选手中脱颖而出，获
得学生组金奖，这是设计学院学子首次在该
项比赛中获此殊荣，也使设计学院成为国内
第二家获得金奖的院校单位。

JARPET——虚拟宠物
2012 德国红点至尊奖
设计者：张迪、赵天骥、马颖慧、崔明慧

专为儿童设计的可视化虚拟宠物的概念，
通过 3D 投影技术将实际生物的动态影像投
影在 JARPET 中，让儿童能近距离观察在不
同时间和环境下小动物的实际生活状态。同
时，通过多种感应技术，JARPET 能够让宠
物和儿童产生一定的互动，增进情感交流。
JARPET 下部有 USB 接口，通过 USB 可完成
充电和数据传输等操作，在网上的 JARPET
商店里提供有由实际拍摄与后期技术合成的
影像数据包，有不同动物的影像数据可供选
择，家长可根据孩子的喜好选择购买。

Defender——挡水砖
2012 德国红点至尊奖
设计者：滕轩、张明曦、杨兆楠、甄智椋

暴雨和台风往往带来洪涝灾害，以传统的沙土袋挡水，在取土、运输、现场施工方面耗费人力与工时，取土本身且破坏环境。本设计应用材料科学原理，创意出高吸水、高比重、可循环使用的挡水砖块，泡入水中，就地吸水，单元块可砌成一定高度的局部挡水墙。科技立意高、思维逻辑巧妙，具有快捷、实用、环保、节能、高效等诸多优点，深得评委赞赏。

《食欲》书籍与插画设计
2013 白金创意全国大学生视觉设计大赛金奖／全场大奖
设计者：张彬

体现作者强烈的社会责任意识与改良现状的积极心态。运用木刻版画黑白分明、质朴粗犷的画风，对食品安全危机这一现实问题作了反思，发出了醒目的"视觉呐喊"。在中国美术学院主办的"白金创意全国大学生视觉设计大赛"中得到国内外专家评委的高度赞赏，成为唯一的全场大奖。

《霾伏》书籍与插画设计
2014"大师奖"全国大学生设计大赛金奖
设计者：瞿洁云

体现作者对空气污染和环境危机的关注。以迷乱线条为主要元素的插画生动表现了空气污染对人们的生活和自然环境造成的严重影响。充满幻想色彩的图形语言巧妙地配合了迷一般的画面空间。作品兼具不凡的现实意义和艺术气质。

平遥城图书馆建筑概念设计
2012 年中国环境设计学年奖建筑设计最佳
设计奖金奖
Autodesk 最佳 BIM 设计奖铜奖
设计者：赵琪云

"观自在"禅主题酒店概念设计
2013 年中国环境艺术设计学年室内设计最佳设计奖金奖
设计者：李佳琦

"观自在"取自《般若波罗密多心经》，意为由心观世界，观照万法而任运自在。旨在回归
本我，体会禅意佛性，审视内心，感悟生活。

"进化"论
设计者：金龙

蝴蝶拥有美丽而脆弱的双重特性，因受环
境污染而渐渐减少。本设计利用电动和磁
悬浮技术，重现难以捕捉到的蝴蝶翅膀扑
动飞舞之美。

校友成就不菲

万余名毕业生从这里走向四面八方，他们遍布国内几乎所有的设计系科和大型企业的设计中心，有的在国外发展。这里是孕育中国设计界精英的摇篮，由于空间关系，展馆中只能亮出极少数优秀校友的设计成名作，如中国工业设计协会会长刘宁的"海尔网络一代家电"设计，中央美术学院王沂蓬教授的"北京奥运会奖牌"设计，广州丰田汽车公司副总经理肖宁的新车造型设计，浙江大学应放天教授的作品，还有国家教学名师、广州轻工业学院设计学院院长刘境奇教授的成果。他们为产业发展与社会进步作出了很大的贡献，在设计界声名远扬，也是母校的莫大荣耀。

2003 年，海尔集团 LOGO
1999 年，海尔网络一代家电
设计者：刘宁
中国工业设计协会会长

《金镶玉》——2008 年北京奥运会奖牌设计
设计者：王沂蓬
中央美术学院教授

传祺 GS5 设计
设计者：肖宁
广州丰田汽车公司副总经理

结语

设计学科，一路走来，五十五年。学科掌门人的接力棒通过朱正文、刘观庆、徐坚、陈维信、张福昌、沈大为、林家阳、过伟敏、辛向阳等传接了一届又一届，个性鲜明、体系独树的本科人才培养成果得到一致的认可，从 1993 年起，设计学院教学成果三度获得国家教学成果二等奖。经过了二十多年设计硕士人才培养的历练之后，设计学科已经建成一级博士学位点。2013 年教育部学位中心公布的国内一级学科排名中，江南大学设计学科位居第四。

今天全新的设计学院和设计馆经历三度重建之后，仍然将"七巧板"造型作为经典的形象标识，不仅镶嵌在学院大楼之上，并铸造成设计馆的"电子签名台"，这种富有个性、寓意深刻的文化表达得到许多业内人士的欣赏。时值建馆二十年，设计馆成为"国家大学生文化素质教育基地"，江苏省科普教育基地，成为国内知名度高、最富特色的学科文化展馆之一。

华服罗裳传神韵
Charming Legacy of Chinese Custom

民间服饰传习馆
Museum of Folk Custom

编者 / 崔荣荣　梁惠娥

Compilers / Cui Rongrong　Liang Huie

飞针千手，习演百代。

本着挽救汉民间服饰文化的自觉，年轻服装设计师走遍大江南北，寻访山村水乡的巧妇绣女，收集了数千件汉民间服饰与制衣器械，录下了珍藏在箱底的文化遗产。北国袍袄的粗犷与宽大厚实，南地女装的婉约与小巧玲珑，绣品纹饰的细腻与色彩斑斓，非遗作品的精巧与奇特故事，让人惊为天工，叹为观止。观赏者得其文化滋养，后学者取其风华神韵，古装新演，时尚承传。

民间服饰传习馆
Museum of Folk Custom

江南大学民间服饰传习馆是全国唯一的收藏、研究汉族民间服饰的馆所。传习馆集实物收藏、文化传播与传承创新为一体，意在突显"传习"与"创新"功能。"传习"不仅是为了抢救和保护汉族民间服饰的物化形态，更重要的是激活和再生其非物质精神内涵和民族文化符号，使中国汉民间服饰历史和文化遗产得到真正意义上的保护和传承。

故事得从 2003 年说起。服装学科的崔荣荣等老师以高度的历史责任感，自主开展汉族民间服饰的收集、抢救与研习。他们十多年如一日，走过 9 省 35 个市（县），寻访大街小巷、山村水乡，风餐露宿，说服收集，采风纪实，抢救性地保护汉民间服饰遗产，陆续收集到民间压箱底的清末民国时期服饰近 3000 件（套），涉及袄、裤、眉勒、裙、裳衣、云肩、披风、绣鞋、风帽、配饰等 20 多个品种，以及制衣器械，为服饰收藏品建立了系列档案。借 2008 年五秩校庆之东风，学校在此基础上创建了纺织服装学科的文化基地——江南大学民间服饰传习馆，从此这些民间服饰有了与现代人亲近的机会，后辈学子亦有了研习传统文化的可能。

考察收藏路线图

传习馆位于纺织服装学院楼大厅，面积800多平方米，主要陈展清代中晚期以来的汉族民间传世服饰，轮展师生研修传习的创新设计作品。展区分上下两层，共四个展示厅。下层为南方民间服饰及精品展示厅和专题服饰厅；上层为北方民间服饰厅和传承创新设计展示厅。通过收藏、研析和传承创新，传习馆逐步建成汉族民间服饰文化的展示与交流平台，日渐彰显出大学展馆"博展育人、科学研究、文化传承"之基本要义。

南方民间服饰展示厅

民间精品服饰展示厅

北方民间服饰展示厅

上衣下裳

千余件"上衣下裳"是传习馆的主要收藏物，这是汉民族服饰的基本形式，源起周代的"深衣"——一种最具可考性、影响最深远的服装制式，也是最具有传统文化象征意义与文化内涵的服饰形态，后世的汉族服装造型依此逐渐流变。

"衣裳"之源

《礼记·深衣》曾记载："所以称深衣者，以余服则，上衣下裳不相连，此深衣衣裳相连，被体深邃，故谓之深衣。"

古人着深衣以示尊祖承古，象征天人合一，恢宏大度，公平正直，包容万物的东方美德；其袖根宽大，袖口收祛，象征天道圆融；领口直角相交，象征地道方正；背后一条直缝贯通上下，象征人道正直；下摆平齐，象征权衡；分上衣、下裳两部分，象征两仪；上衣用布四幅，象征一年四季；下裳用布十二幅，象征一年十二月。故古人身穿深衣，自然能体现天道之圆融，怀抱地道之方正，身合人间之正道，行动进退合权衡规矩，生活起居顺应四时之序，此服俨然成为规矩人类行为方式和社会生活的重要工具。深衣分为直裾与曲裾两种形式，男女都可以穿着，均为交领右衽，并渐渐向宽博衣身与广袖方向发展，乃后世各类衣裳的原型。

"衣裳"之形

衣裳形态主要分两种：上衣与下裳分裁式和上衣与下裳通裁式。通裁式的基本造型是由先将上衣下裳分裁，然后在腰部缝合，成为整身长衣；后出现上衣下裳在腰间不裁开，上下一片，成为袍服形式。分裁式上衣主要形式有袄、褂、衫，下裳有裤与裙。纵观中华数千年文明史，汉民族民间服装造型呈二元并存发展，各具造型艺术特点。

传统汉族女子日常穿袄裙、披风，下裳以长裙为主；男子上衣穿袄、褂，衣长不过腰，袖长及腕，立领，均以宽肥见长；近代至民国时期汉族女装上衣逐渐向合体窄小过渡，立领，袖长及肘，形似喇叭，下摆呈弧形，右衽，下裳为长裙，裙长渐短，亦有大量穿裤装，男子服装逐受西服影响，以对襟，系扣，装袖的形式展现，下穿长裤。

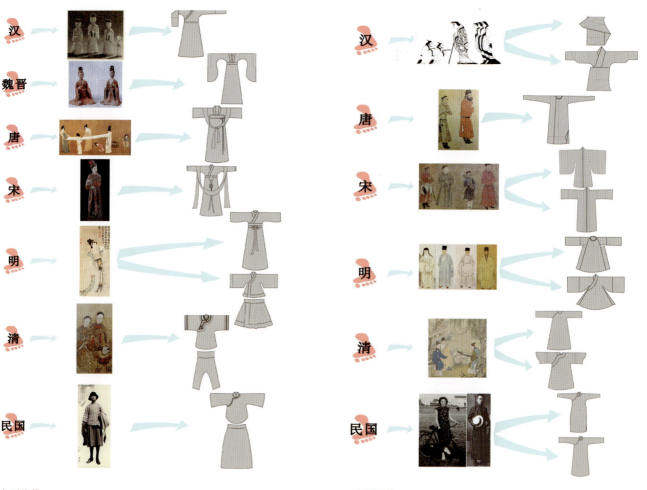

上下分裁   上下通裁

男式马褂

上下分裁

"上下通裁"长袍

"上下通裁"丝绒袍服

"上下分裁"衣与裤

"上下通裁"绣花长袍

"衣裳"之美

形态娴静

汉族民间服饰总体上平易、雅致、娴静，如 20 世纪初城镇女性流行的"文明新装"。汉服平面形制，蕴含丰富的民间技艺变化；可塑性强，符合人体工学原理，得体舒适；充分体现汉民族柔静安逸、娴雅超脱、泰然自若的民族性格，以及平淡自然、含蓄委婉、典雅清新的审美情趣。民国时期，受西方文化的影响，女袄变得短且修身，上衣时尚"倒大袖"，此乃形制多为腰窄襟大，摆不过臀，衣角圆弧，腰臀曲线，袖腕喇叭形，故形象称之"倒大袖"。拆开平摊后可见两袖和前后衣身四片惊人一致，蕴含"有序、相衬、和谐"的创意。

改良式无袖旗袍

民国时期素色文明新装

"倒大袖"上装

传统凤尾裙

装饰精美

装饰是女装的重头戏。肩部、大襟、沿开衩至下摆镶嵌彩色花边和绣饰，纹样多为"如意云纹"、"花开富贵"、"蝶恋花"和"暗八仙"等吉祥题材。馆内收藏有数百余件装饰精美和配色协调的服饰精品，女子下裳以马面裙、鱼鳞裙、凤尾裙、筒裙等为主，是装饰艺术的典型。马面裙呈平面"围式"造型，以数幅缎面接合而成，前后平幅裙门俗称"马面"，马面及裙摆处多绣有精致纹样或以镶、绲、拼等工艺装饰。

传统马面裙

传统马面裙

生态相协

汉服装尤以女装与自然环境和人文气息密切相关，西北妹子的朴实、惠安渔女的玲珑、江南女子的典雅……皆由服饰直接表达。江南水乡女子服饰的"蓝青花绿相映的大襟拼接衫、宽舒细致的作裙及穿腰束腰"配"青莲包头藕花兜"和着红绿绣案的配饰点缀，与花红柳绿的乡间野趣和河网密布的水乡风光浑然一体，可惜当今这一江南服饰传统在民间几乎失传。

寻访江南水乡服饰

江南水乡船娘服饰

清末团花大袄

"衣裳"之品

以"上衣下裳"作为基本服饰形制的中国传统服装中,衣裳除了具有遮羞、保暖、防护的实用功能外,还展现着装者的身份地位与审美品味。清末民初风气日渐奢靡,国人往往倾其所能,追求衣裳之品,对色系、面料、绣纹等要求更高,做工愈加精美。服饰直接反映出着装者身份、地位、气质及审美情趣,间接折射当时的政治、经济、文化等时代特征。衣裳之品隐含着系列历史印记和宝贵信息。

清末江南对襟褂

清代华贵女袄

清末女袄

清末女袄细节图

民国时期"倒大袖"上装　　　　　　　民国时期戗驳领婚礼服

女红品鉴

"女红"文化

颜师古注："红亦工也。"大凡女子以手工制作的传统技艺，如纺、织、编、结、缝、绣、贴、剪、绘、染等，均称"女红"。《考工记》中载有："国有六职，百工与居一焉。通四方之珍异以资之，谓之商旅。饬力以长地财，谓之农夫。治丝麻以成之，谓之妇功。"可见当时社会体系中，妇功（女红）乃六大职业之一。唐德宗年间，宫廷女学士官宋若莘所著《女论语》中"学作"一章对"女红"叙述比较详细："凡为女子，须学女工"。一学纺织，"纫麻绩经，粗细不同，车机纺织，切勿匆忙"；二学采桑养蚕，辛勤料理，早起晚睡；三学缫丝织造，织成绸绢，积丈成匹，其功乃成；四学缝纫刺绣，"刺鞋做袜，引线绣绒，缝联补缀，百事皆通"。女红是女性的主要社会职能，对女性意义重大，是女性才能的反映。这种氛围下，女红艺术逐渐走向繁复，成为争巧斗艳之技法。制作之精细、装饰之繁复、图构之奇妙，传达着视觉和情感信号，是女子情托信物和心绪载体，也是女性艺术与文化的结晶。

精美的女红艺术品

女性文化的特有物质载体之一——"女红"，指女子纺织、刺绣、缝纫之事，为古代女性必备之技艺，是点评传统女性德才的标准之一，也是女性家庭地位的决定因素之一。女红艺术品种各异，千姿百态，是服饰造型与制作技艺从单一走向多元的重要渠道。传习馆收藏系列传统女红精品，它们不仅是地域历史、社会发展、文化流变的外在视觉语言，也是记述民间情感和习俗、反映民俗文化与发展的载体。

功能 "女红"

除了上衣下裳外，女红艺术中的精品还包括装饰特色非常鲜明的云肩、眉勒、肚兜，男女传情信物之荷包、孩童驱邪避灾之虎头帽、虎头鞋，以及唐后缠足女性的弓鞋 "三寸金莲" 等。传习馆收藏的传世珍品大多绣有精美图案，其上凝聚着民间 "女红" 的精髓，传达着汉族女子丰富的情感，解读其特殊功能和文化寓意别有一番情趣。

头部	帽		
	眉勒		
	暖耳		
肩部	云肩		
	围涎		
上身	肚兜		
腰部	荷包		
	扇套		
足部	绣鞋		
	鞋垫		

各类女红一览表

清代云肩

灵性展示

民间女孩从小学习绣花，剪花样等"女红"技艺，待嫁女子除了自制嫁妆，还为准夫婿缝衣献绣，为未来的公婆姑叔准备赠礼，"女红"水平无异于出阁考试，其成绩直接影响日后在夫家的地位。婚嫁服饰中尤以云肩最为细致，盘金纹绣、繁复精巧。四合如意云肩是清末女红中的代表，绣工最为繁复，如四合如意云肩，共分四层，颜色搭配协调美观，每层纹样皆有变化。通过戏中人、动植物及信仰纹饰的设计，展现创作人的心灵手巧。可惜目前这些技艺都面临失传的境地。

四合如意云肩

婚嫁云肩

情意传达

汉民族女性借助女红表达委婉含蓄的情感，荷包香囊就是典型的传情达意的作品，也可能是情感误解的载体（如红楼梦中的故事）。肚兜往往是送给情人的信物，借以传递情思爱意，肚兜上的鸳鸯、并蒂莲等，都是男女之情的借意表达。

石榴荷包

牡丹蝴蝶荷包

瓶型刺绣肚兜

刺绣肚兜

身份象征

明清时期，女红艺术精品成为上达宫廷，下至平民争相追逐的奢侈品，还应用于豪门的室内装饰。从服饰与刺绣的繁复程度，可以分辨出拥有者的社会地位高低。皇家、官宦、豪门，享用不同档次的女红精品。皇室使用真金真银绣品，材料越贵重，技艺愈精美，身份愈高贵，如清代传世刺绣眉勒上采用盘金镂空技法；有的绣着喜鹊、梅花，寓意"喜上眉梢"，中间和下缘点缀镀金实物，呈现女主人富贵、乐观、得意的心态。

镂空盘金绣眉勒

刺绣眉勒

"女红" 拾趣

女红艺术精品背后往往有着美丽动人的传说和妙趣横生的习俗，为之增添了神秘的色彩。明末时期，暖耳成为男女老幼的常用服饰品。《中国衣冠服饰大辞典》注曰："暖耳由唐代耳衣演变而成"。从唐朝"金装腰带重，绵缝耳衣寒"的边塞诗句可看出，耳衣乃出征边塞的军戎服饰，诗中"耳衣"与"腰带"排比，显其重要的作用。

肚兜源出多种版本，一说天地混沌初开之时，女娲伏羲兄妹通婚生儿育女，并创造人类最原始的服饰——肚兜，用以遮羞与保护，后引申为情爱信物。

是否佩戴眉勒，则是江南一带判断女性婚姻状态的重要依据。新娘扎头用的眉勒俗称"大兜"，由蓝绸裁制，黑绸滚边，正中缀有玉花片或红珠饰，两侧缀有银饰件。老妇使用的大兜，有棉质的和夹层的两种，较为朴素，质地和装饰档次放低。江南口语也称眉勒为"撑包"。

弓鞋"三寸金莲"是最具传奇色彩的女红，也是封建社会女子备受缠足之苦的物质见证。新嫁娘上花轿前足履紫面白底三寸金莲，"白"和"紫"谐音"百子"；再套一双杏黄色或橘黄色"金莲"，谐指"黄道吉日"；第三双是五彩丝绣的软底"金莲"，也叫"睡金莲"，是过堂后换穿的，鞋内有画，含蓄指导。

刺绣暖耳

卷头三寸金莲

保暖三寸金莲

非遗精品

非物质文化遗产是指与时代相承、生活相关，以非物质形态存在的各种传统文化形式或活态文化遗产，以人的智慧为核心的技艺、经验、精神，通过活态流变，代代相传，是民族个性、文化特质的"活"的显现。我国拥有世界上最多的非物质文化遗产，其中与纺织服饰相关的国家级非物质文化遗产共有 80 项，主要包括刺绣技艺、织造技艺、印染技艺、民俗文化四大门类。古代心灵手巧的女子通过模仿、转换、联想、组合、夸张、类比等艺术手段，运用印、染、织、绣、贴等手工技艺，将层层镶绲、繁复纹样表现于民间服饰品及家用纺织品上，这些与纺织服饰相关的技艺及民俗、传说等便是服饰类非物质文化遗产。

传统绣花大襟袄

江南水乡组合式服饰

纺服 "非遗"

传习馆三千余件民间收藏品中，有一部分属于非遗服饰精品。由于传统民间服饰形制因时代与地域的不同，有着较大的差异，各自的背景情况、文化根基、审美情趣和装饰手法各具特色。刺绣、拼接、镶绲等装饰手法精彩纷呈，有些藏品所用技巧之多变、纹样之繁复，具有很高的艺术鉴赏价值。

馆内还收藏有非遗纺织品，其特质形态背后，反映出地域农业与纺织业的发展脉络，如芦扉花、竹节布、双喜布、皮球花布等系列南通色织土布，折射出江苏南通地区的非遗故事。清末，江南饱受战乱，一批吴地棉农移居南通，带去先进的织造技术。20 世纪初，南通籍爱国实业家张謇在苏北开垦棉田，在南通开办大型近代纺织实业。棉纺织技术在苏中和苏北地区的传播、交流与融合，还促进了南通民间色织技艺的发扬光大，土布织造业空前繁盛，南通成为史上继上海松江之后，我国传统色织布的复兴之地和集大成处。

土布织造纹样

"非遗"技艺

中国古代的纺织技术历史非常悠久，早在原始社会，古人为适应气候变化，已学会就地取材，利用自然纤维作为纺织原料，制造简单的木质纺织工具。传说中，黄帝之妻嫘祖发明"养蚕取丝"，而后，宋锦织造技艺、苏州缂丝织造技艺、蜀锦织造技艺都是重要的非遗精作。蚕丝原料通过各种织造技艺产生出精美的丝织品，至今仍是最上乘的面料。

相传元朝时代，原籍松江的黄道婆，到海南崖山向黎人学习纺织，回家乡后设计出了木制手摇轧棉车，再改革弹棉、梳棉工具，使汉民间棉纺织技术水平有了突破性提高。

民国时期双面锦缎

民国时期提花面料

印染也是服饰类非物质文化遗产中不可或缺的组成部分，通过蜡缬、夹缬、绞缬等工艺，将图案印染在面料上，使之呈现出美丽的色彩与花纹。南通蓝印花布印染技艺、山东彩染技艺、香云纱染整技艺等都是重要的国家级非物质文化遗产。

刺绣、拼接、镶绲等装饰手法更是非遗技艺。我国刺绣历史由来已久，《周礼·考工记》记述："五彩备、谓之绣"。运用手针与各色丝线、棉线或绒线在面料上进行不同技法的穿刺，形成鲜活纹样、主题图形或文字图案，这类技艺手法是汉民间服饰的主要装饰手段。传统刺绣艺术针法丰富、色彩典雅、绣艺精湛、遍布全国、源远流长。传统四大名绣湘绣、蜀绣、粤绣、苏绣之外，还衍生出各具有地域特色的"京绣"、"鲁绣"、"汴绣"、"锡绣"等。

民国时期蜡染纺织品

南通蓝印花布

民国时期绣艺

山东印染纺织品

"非遗" 寄情

民间女子结合大自然中的动植物和
生态现象等特征，靠线条和色彩的
组合，以手工刺绣、织造工艺等艺
术语言，织绣出朴素情感和审美情
趣，寓教于乐，寓情于景。服饰非
遗把中国传统文化传递给社会，并
影响民众的价值观。例如，河北地
区琵琶襟刺绣马甲，在胸前和后背
鲜亮地突出地绣着象征传统吉祥
"多子、多福、多寿"的"三多"
图案，这是民间最普遍的理想境
界。此外，还有"喜鹊登梅"、"松
鹤延年"、"鱼戏莲"等，都是典型
的民间传统吉祥图案。

喜鹊登梅刺绣肚兜

鱼戏莲刺绣腰包

"三多"纹样刺绣马甲

松鹤延年刺绣披风

刺绣枕顶

"非遗" 捐赠

传习馆鼓励非遗样品的捐赠，原江南大学教育基金会理事长王武曾为传习馆引荐或转赠由台湾大学博物馆带回的高山族民间服饰，民初民间画家王郁周的缎面皮袄，以及校友捐赠的地方特色服饰等。庄若江和王武两位教授引荐了著名诗人、散文家余光中和夫人范我存的慨赠。范母孙静华早年毕业于苏州的女子桑蚕专科学校，后留学日本，专攻丝织技术，她生前数件传世丝绸旗袍现收藏于本馆，代表着中国近代精湛的丝绸工艺和时尚的名媛服饰。一些教职工也热心为传习馆提供有价值的服饰收藏物，为丰富馆藏尽微薄之力。

孙静华丝绸旗袍

古装新演

江南大学民间服饰传习馆更重要的功能是为现代服装设计提供灵感源泉，让师生流连于传习馆，从这里汲取"非遗"精髓，感悟深邃的传统服饰文化，并结合现代审美观，提炼和运用传统服饰元素，通过对经典美学构图与色彩的理解，对服饰文化"形"和"意"概念的深化，打造出中国服饰艺术的新土地。

设计证书

服务 APEC

2014 年 11 月 10 日，APEC 峰会在北京隆重召开，各国领导人身着"新中装"惊艳全球，中国传统服饰文化有了全新亮相的机会。崔荣荣教授等有幸应邀参加"新中装"的设计，通过挖掘、提炼民间服饰传习馆馆藏的优秀文化元素，形成了兼顾体型、气质、意蕴的多系列、多风格"新中装"设计方案，方案中的提花万字纹面料、海水江崖纹和紫红配色等元素最终被"新中装"采用。服装学科传人对汉民间服饰文化的成功应用，为进一步传承创新注入新的动力。

北京 APEC "新中装"设计效果图

传承流变

收藏与研习，极大鼓舞了师生大胆应用服饰文化元素与技艺，积极融入现代创新设计。在日本歧阜国际学生作品设计大赛、"真维斯"休闲服比赛、"兄弟杯"青年设计师大赛、"汉帛杯"青年设计师大赛、"中华杯"服装设计比赛、中国服装设计师生作品大赛等众多赛事中，学生创新设计作品屡屡获奖。通过馆藏婚嫁服饰文化与现代婚服时尚德融合，研究生赵誉钦获得第三届"金富春杯"中华嫁衣创意大赛金奖。民间服饰文化启迪后学，传承流变的实例枚不胜举。

优秀创新设计作品

传习创意嫁衣获奖

结语

传习与创新带来了"国家社科基金"研究成果，北京奥运礼服设计，北京 APEC "新中装"纹饰元素设计等一系列硕果。这里也是"国家大学生文化素质教育基地"、"江苏省非物质文化遗产研究基地"之一。

一批又一批中外研究生和本科生从这里吸取学科营养，感受文化熏陶，追逐霓裳彩虹的梦想。这里又是中小学生认识服饰非遗的社会实践基地。传习馆开馆以来，接待过几百批中外贵宾，包括全国人大代表、全国政协委员；国家各部委领导；世界知名大学访问团组。德国前国防部长沙尔平在中联部领导陪同下，曾到此参观并留言；台湾著名诗人、散文家余光中夫妇五临本校讲学访问，两度参观传习馆，并慷慨捐赠。首届"国际服饰文化与服装设计学研讨会"在此召开，与会者认为，传习馆荟萃了中国传统服饰设计、印染技法、制作技艺、装饰工艺、民俗内涵等，是不可多得的文化遗产基地。

汉民间服饰之丰富、装饰技艺之精美、图案纹饰之华丽，在此可见一斑。江南大学民间服饰传习馆正发挥着独具魅力的博展价值和文化育人的重要功能。

德国师生参观传习馆

面向政府部门和社会各界开放

酒里乾坤品演化
Savoring Evolution in
Brewing Kingdoms

酒科技馆
Museum of Brewing Science & Technology

编者／徐岩　黄壮霞　黄永光
Compilers／Xu Yan Huang Zhuangxia
Huang Yongguang

谷之精魂，生之演化。

上下五千年的酿酒史，有如晋代文人江统在《酒诰》中所注："酒之所兴，肇自上皇，或云仪狄，一曰杜康。有饭不尽，委之空桑，郁积成味，久蓄气芳。本出于此，不由奇方。"由微生物将植物原料转化为精酿美酒，期间蕴含着科学与文化的深度交融，技术与艺术的完美结合。

酒科技馆
Museum of Brewing Science & Technology

在博大精深的中华文化基因库中，酒文化基因遗传了五千年，几乎与华夏文明同步。中国酒文化是以酒为物质载体，以酿酒技艺为非物质遗产的独特的文化形态。记录酿酒历史、展示酿酒技艺，弘扬酒文化是酒博物馆的主要功能。目前，国内知名酒业，如茅台、汾酒、五粮液、张裕、绍兴黄酒等建有酒博物馆，主要展示相应酒种的历史、工艺、产品及荣誉等。

江南大学酿造研究史可追溯到学校前身——国立中央大学农化系创建时期的 1930 年，系主任、学科带头人魏嵒寿教授就是酿造专家、国内酒精产业的先驱者。该学科是国内最早涉足酿酒科技的单位，持续 85 年的科学研究和人才培养，累积了一批又一批傲人的成果。2008 年，独立建校走过了五十年风雨历程之后，生物工程学院建造了酒科技馆，旨在反映酿酒技艺，传承酿酒文化，进一步彰显本学科在酒科技领域的地位。

酒科技馆

生之演化

酒史铜雕

西汉时期的石刻、砖刻上已有酿酒和饮酒场景的记载。文人墨客与酒结友，借酒抒情，为酒歌赋的例子枚不胜举。以图像和浮雕形式表现酒文化情景，也是古已有之的传统。

进入酒科技馆，扑面而来的是整墙面的大型酒史铜雕（浙江工艺美术大师徐复沛设计），以中国酿酒历史文化为主题，突出宣扬了中华民族五千年来酿酒文化的经典题材，着力描绘了酿酒文化的核心哲理"一元、二极、三生化"。铜雕正中央的"化"字，以两个正立和倒立的人形为形象，巧妙表达出核心义理——"生之演化"。选择二十四个酒史文化事记，从酿酒源头诞生开始，结合人文传说，如"仪狄造酒"、"杜康酿酒"、"酿酒起源于黄帝"等，演示了酒德礼节和酒乐技艺，画面以史实基序相串，有神话故事，也有民风习俗。史诗般彰扬酿酒文化绚丽多彩的场景，生动形象地反映了酒与朝代更迭、神圣祭祀，酒与生产原料、场景器械，酒与酒坛酒具、存储品尝，酒与诗词歌赋、酒仙文神，酒与民风民俗、婚丧嫁娶之间的密切关系。

铜雕艺术风格秉承商周以来古朴礼尚，无论是其造型、质感、纹饰，都体现了铜雕艺术的精湛技艺和深厚传统，演绎着古今酿酒的历程，折射出酿酒艺术之精华。这是传统艺术形式表现酿酒技艺的精湛之作，是镇馆之宝。

铜雕

酿酒生化演艺图手稿（徐复沛）

酒馆之记

入门后，可阅及《酒科技馆·记》：

酒！盛天地灵气，凝五粮精髓，汇神工杰作，铸古今流觞！

源于农耕社会，曾有仪狄杜康；兴于现代科技，精酿美味琼浆。昔与人类文明同行，更随社会进步兴旺。黄白葡啤，美轮美奂；风味各异，醇和净爽；怡神养生，裨益健康。因文化而雅正，缘盛世之大昌。传泱泱酿造古国之誉，显灼灼东方神奇之光。

太湖之滨，吴越胜地，大师开基，俊彦不凡。始有三江学堂崛起，立志开新，一流名望；桀然轻工学科卓立，科技领先，泰斗神酿；再造江南第一学府，追求卓越，扶摇直上。于是乎，摇篮之称传扬，国人众口齐赞；明珠之彩闪耀，声名飞越海疆。

承传酒魂，今建此馆。师法古贤，砥砺后学。俯仰精神，演绎时尚。衍天地绝技，续文明辉煌；颂中华昌盛，咏千秋流芳！

酒科技馆·记

古酿遗风

顺梯而下，进入地下酒窖。这里只是微缩的展示空间，以储酒间、酿酒器具、酿酒过程模型等组合形式，展示了酒窖的储酒和储物功能。

酒窖

古代酒器

酒在礼制中起着沟通天与地、神与人，理顺君与臣、上与下的作用。"藏礼于器"，酒器（礼器）的使用具有神圣的意义。我国原始粗放的青铜器出现于约 5000 年前，公元前我国青铜礼器的铸造已经非常发达，爵、觚、觯、斝、尊、壶、罍、卣、觥、角……精致典雅，其中不少则是古代的酒器。酒科技馆陈展着少数的青铜和陶制酒器的仿制品。

青铜酒具

仿制酒爵

仿制酒具

家酿器具

越是简单的事物，越具朴实的内涵，越是大气的表现。风车、簸箕、筢箄、水桶、饭甑……看似简朴的器具用作酿制的工具，美味佳醴得以天成。这些从民间收藏的日常生产和生活器具，也是家酿之神器，实现了用途之多样化，简约之功效化，充分体现了古人"物尽其用"、"大道至简"的原朴智慧。

古酿模型

儒家经典《礼记·月令》言酿酒云："秫稻必齐，曲蘖必时，湛炽必洁，水泉必香，陶器必良，火齐必得。"对原料之精选、曲蘖之调和、卫生之讲究、水质之甘醇、器具之精良、火候之得当，均作了要求和总结。这些酿造准则，虽历经千百年而不易。酿酒过程模型生动展示了古人酿造技艺与场景，既有感触效果，也有艺术气息。

传统器具

古酿模型

当代酒话

泰斗遗风

"天地之间人为贵"。世间万物，有思想、敢创新的人才最为宝贵。酿酒科技与文化领域中涌现出一批著名的科学家、酿造家、教育家、企业家。这里展示着几位酿酒界泰斗们的风采：秦含章、朱宝镛、方心芳、周恒刚，老一辈先驱者筚路蓝缕、身体力行，在酿酒人才教育、科学研究的道路上奋力前行。他们所取得的成就，绝非言语所能尽述。

秦含章曾任教于国立中央大学，至今高寿 107 岁，依然能泼墨挥毫，赞颂酒之绝妙。朱宝镛教授（1906～1995）早年留学日本、法国、比利时，回国后一直从事酿酒教育与科研，曾受聘于西北联合大学、四川大学、同济大学、私立江南大学等校，而后终身任教于本校。这些著名的酿酒专家、教育家是激励着后来者不断开拓、不懈进取的榜样。

泰斗遗风

酿酒微生物

3D酵母芽殖演示

酿造原料

科技佳酿

如果说酿酒是一门传统的艺术,那么,现代科技则赋予并诠释了这门艺术全新的内涵。酿酒微生物学的发展,使我们对粮食原料的转化和酒的品质的形成有了科学的认识和深层的发现。从粮食原料到天之美禄,其所经历的玄妙精微的变化,都逃不过生之演化。化学发展与生物技术紧密结合,则使我们对酿造本质、对酒的组分及饮酒之健康等科学问题加深了理解。

微生物是酿造的推手,是酒的精魂。这里介绍着各类酿造过程中不可或缺的酵母、细菌、霉菌等,你可以从显微镜下俯察它们的形态,从 3D 视频中看到它们生长的"萌"态。这里展示的微生物是长期与人类相伴的朋友。

五谷是酿酒必不可少的原料,这里陈列介绍着各种谷物和它们与酒的关系,展示着现代酿酒工艺环节,剖析现代酿造设备结构等,普及现代酿酒基本科技知识,让观者感悟风格各异的酿酒工艺的魅力。

酿酒工艺

宝坛相送

中国黄酒是四大酒种中历史最为悠久，最具地域特色的酒种。这里陈展着2008年本校五秩校庆期间，浙江绍兴古越龙山黄酒集团送来的"绍兴花雕"。想不到酿酒技艺和雕刻艺术如此巧妙的相互结合、相互衬托，美酒激发出艺术家的创作欲望，而艺术造型赋予美酒更高层次的欣赏价值。

酒类香型各异，特点纷呈，独特的地理环境、酿造工艺，生产出独具特色的香醇美酒，时尚的瓶装赋予酒的造型精彩纷呈。酒科技馆收藏了部分中国名酒样品，其中不乏有本校校友，如茅台酿酒大师季克良等对名酒的突出贡献。

古越龙山 花雕

名酒样品

闻香识宝

感官体验

酒赋予色、香、味等感官愉悦，其风味形成，不仅源于成分的复杂，还取决于各组分间协调、衬托、缔合等关系。对酒的内在特征进行感受性、综合性的感官测验，是评价酒的传统方法，当今依然是不可或缺的评酒技法之一。

感官体验评价包括四个阶段：一是利用感官（包括眼、鼻、口）对酒体进行体验、观察、感知，获得相应的感觉；二是将所获得的感觉进行描述；三是将感觉与已知的标准样进行比较分析；四是将所获得的感知进行归类分级，并作出评价。感官体验评价是一门科学，也是一门艺术。

中国白酒品种繁多，香型各异。这里的闻香台陈设着中国白酒中的九大香型。参观者不仅能欣赏展板上九大香型的文化说明，还能亲身体验不同香型带给他们的真正感官直觉。你可以从分液器中用滤纸吸印小滴酒样，靠近鼻尖，专心嗅之，如果你能正确辨别出"浓香"、"清香"、"酱香"等各类经典酒香，那你与酒的亲缘肯定非同一般。

闻香台

感官体验

酒香拆分

对酒的理化分析，则是认识酒品质、酒特征的另一重要途径。馆内添加了酒类香气研究新技术成果的展示，如基于基因组学的特征风味强化新技术、基于分子生物学的不良风味消除技术、首次创立的人机互动 GC-O 白酒分析技术，以及微量风味物质检测分析技术等。

目前，应用于各种香型酒的香气化合物的定性定量分析方法还包括：顶空固相微萃取法（HS-SPME），液液微萃取（LLME）与气相色谱-质谱（GC-MS）联用，气相色谱-氢火焰检测器（GC-FID）技术耦联等。信息化技术与酒品质分析技术的交互贯通，成就了首次建立的原酒等级计算机鉴定系统、等级质量判别数据库，以及基于关键风味成分的基酒组合计算机控制技术。

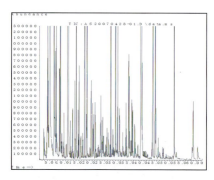

质谱图

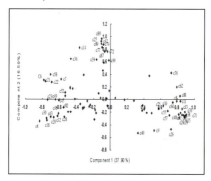

PCA

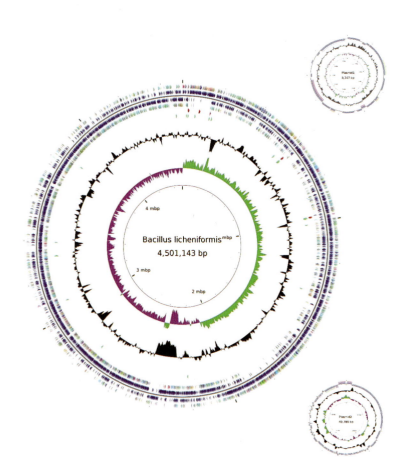

基因圈图

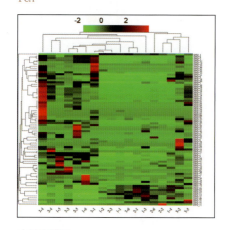

宏基因组图

探究之果

江南大学邀请国内外学习者、专家、白酒行业研究团队和知名企业代表举办各种论坛，进行深入学术交流、名酒鉴赏等。例如，举办了酿造微生物菌种资源研究；功能微生物与酿造技术创新；酿造微生物代谢产物与分析技术；微生物与白酒香型、特征、风味和品质；现代微生物研究和分析技术在传统白酒生产中的应用等主题论坛。

徐岩教授主持的《基于风味导向的固态发酵白酒生产新技术及应用》的科技成果曾于2013年荣获国家技术发明奖二等奖。该项目从酿酒微生物的分子生态学与酒体风味化学的理论角度，提出了基于风味导向的固态发酵白酒研究和酿造新思路，发明了特征风味强化、不良风味消除、基酒组合控制等新技术，改进了白酒生产的制曲、酿造、基酒组合三个关键工序，构建了我国白酒优质、高效、稳定的生产新体系。其成果在12家白酒企业推广应用。

这里是中华酒科技与酒文化的窗口之一，是酒文化教育的平台与基地，近三十年来这里举办过多届"国际酒文化研讨会"。目前，生物工程学科在酒类香气成分分析技术创新方面走在了国际前沿，大量学术成果在国际专业性权威期刊上公开发表，酒科技创新获得了一批发明专利授权。有关近期酿酒科技成果也在酒科技馆中追加展示。

古老的酿酒技艺在逐渐与高新生物技术和大数据时代相交融的过程中，获得了新的生命力。

国家技术发明奖证书

国际期刊发表学术成果

科技与人才

结语

酒是客观的物质存在、美妙的感官传达、独特的文化现象，也是生物科技发展的缩影。爱国志士饮酒抒发爱国亲民、建功立业之豪情，文人墨客借酒展示才情四溢、风流儒雅之气韵。

从酿酒科技的角度出发，更应看到，酒的发明与酿造在中华五千年文明史上占据了重要的一席之位，酒作为哲理、科技、文化、艺术与民生的结合体，必将继续发扬光大。随着现代科学技术发展及学科交互的风生水起，酿酒工业机器人是否会诞生？会出现颠覆性的新酒种、新工艺吗？酒的特征风味是否也像"基因图谱"那般精准可辨？酿酒是否会进入"全生"（生物演化、生态和谐、生命健康、生机无限）时代？我们期待着新的惊喜！

后记
Postscript

从第一个学科文化展馆——设计馆的建立到今天，江南大学文化展馆的建设已经走过了整整二十个春秋。尽管校园几经扩容、迁址乃至合并，然而整理校史，收集精华，保藏文物的使命始终记在心上。2003 年至 2007 年，在方圆三千多亩的土地上，新校区完成了 100 万平方米的建筑任务，真正实现了单一校区办学。这不仅是江南大学建校史上的里程碑，也为推进大学文化的长足发展留下了宽敞的空间。

2008 年，借校庆之东风，学校募集社会捐赠，筹建特色展馆。我们创建了校史馆，更新校训，设计校标，铭刻发展史，认定吉祥物，并与若干学院合力谋划，围绕学科内涵，提炼文化要义，建设特色学科展馆。于是乎，校园博展文化萌发出新的生命力，我们有机会得以系统整理编撰这批文化印记，正式出版《文博揽胜》一书。

在筹划"江南大学文化书系"的过程中，本书原本最先策划，可碍于深入挖掘的难度和图文整理的繁复，出版计划有所调整。感谢校领导和有关学院负责人的大力支持；各篇编者耗费大量心血，精心修整图文；编委们在百忙之中不吝赐教，主编终于有机会利用假期和周末，集中精力，系统编排，悉心取舍，顺文成章。"视觉传达与平面设计"专家魏洁和姜靓对版面进行了专业化的设计与排版，使之呈现出时尚的视觉冲击感；摄影师陈祖健、胡奕补充了一批精美的照片；宣传部衡延笃帮助提供校史素材；校办主任张光生教授等认真校核；汤坚教授应邀为书名题款。没有大家的努力，难以想象本书终将付梓。

真心希望《文博揽胜》的出版，对大学博展文化建设与发展起到抛砖引玉的作用。也期待"江南大学文化书系"的一整套书籍能够逐一如期出版，成为文化品牌，展示江南大学的独特魅力；并作为一份厚礼，呈送给至 2018 年独立建校六十华诞的母校。

二〇一五年八月